How to get started!

讓可愛的錢

Passive Income, Aggressive Retirement:
The Secret to Freedom, Flexibility, and Financial
Independence(& how to get started!)

繼續滾進來

瑞秋‧李察斯
Rachel Richards———— 著

陳映竹———— 譯

28種財務自由的
方法，讓你的錢
比你會賺錢

謝謝購買本書的你！

　　為了感謝你買了我的書，我現在要送給你一個加碼禮物，裡面有更多資訊，告訴你如何開始建立被動收入，重點是——完全免費！

　　這份加碼禮物裡面有：

- 在創造被動收入現金流時，必須避免的三個致命錯誤。
- 一份客製化的簡單表格，協助你決定自己應該先追求哪一種被動收入現金流。
- 一份時程表，讓你可以追蹤進度、激發你的動力，現在就開始行動。

還有更多好康！下載請至：

www.moneyhoneyrachel.com/bonus

在社群媒體上追蹤我！

Facebook：www.facebook.com/moneyhoneyrachel

Instagram：www.instagram.com/moneyhoneyrachel

Twitter：www.twitter.com/moneyhoneyrach

目次・CONTENTS

前言 ……………………………………………………… 008

第❶篇：財務自由的祕密

01. 今非昔比，退休變得更困難 ………………… 022

02. 拆穿退休金的真面目 ………………………… 040

03. 你最有價值的資源：時間 …………………… 056

04. 被動收入與 SCRIMP 五要素 ………………… 067

第❷篇：授權金收入

05. 何謂授權金收入 ……………………………… 082

06. 如何出版紙本書和電子書 …………………… 094

07. 關於出版的那場大辯論：傳統出版和自助出版 108

08. 音樂版權——創作音樂也能有被動收入 ……… 126

09. 照片、可下載內容、隨需印刷的授權金 ……… 138

10. 用線上課程分享你的知識 …………………… 153

11. 軟體、加盟、礦業權的授權金 ……………… 162

12. 關於行銷和發行的必知事項 ………………… 169

第❸篇：投資組合收入

13. 投資組合收入：基礎 ………………………… 184

14. 投資組合收入：進階 ………………………… 197

第❹篇：投幣式機器收入

15. 小型投幣式機器的收入 ……………………… 208

目次・CONTENTS

16. 大型投幣式機器的收入 ·························· 226

第❺篇：廣告與電子商務收入

17. 廣告和聯盟行銷的收入 ····················· 238

18. 直運的收入——沒有庫存也能賣產品 ··········· 249

第❻篇：租金收入

19. 租金收入——人人都適用 ···················· 262

20. 首先，找資金 ···························· 282

21. 接著是找房產 ···························· 304

22. 避開惡夢般的房客 ························· 322

第 **7** 篇：通往財務自由的下一步

23. 設計你夢想中的生活 ····················· 336

24. 如何建立你的第一條被動收入流 ·········· 346

25. 自我設限是毫無意義的 ·················· 355

致謝 ···································· 369

推薦閱讀清單 ······················· 371

注釋 ···································· 374

免責聲明暨重要資訊 ··············· 381

前言

　　讓我們實話實說吧，我們都曾經在某個時間點幻想過自己有錢到不行，唯一要擔心的就是接下來要喝哪種雞尾酒，同時，在位於海濱的家中享受著美景（或是在佛蒙特州的滑雪小屋裡，又或者是在義大利托斯卡尼的別墅中……不管在哪，只要是會讓你慾火焚身的地方都行）。我幾乎已經可以感覺到腳下溫暖的沙、嚐到桑格利亞酒的味道、聽到海浪在我耳邊輕輕拍打的聲音了。啊……退休生活呀，我說的對吧？

　　請想像一個世界，這個世界對你沒有任何要求。你不必擔心錢的問題，可以明天就跳上飛機前往哥斯大黎加，如果這就是你心之所向的話。你也可以把時間花在任何讓你感到心滿意足的事情上：畫畫、寫作、當志工、養小孩、旅遊；什麼都行，就是不必「工作」。

　　你可走運了，因為我發現了（其實是碰巧發現的）一個可以達到財務自由、提早退休的方法，而這個方法尚未受到大家充分探討（才怪）。

　　對啦，有好幾百萬本書都在談提早退休，還有該怎麼

做才能提早退休，事實上，甚至有致力於推動這個議題的運動：財務自主、提早退休（Financial Independence Retire Early, FIRE）。FIRE 運動吸引了相當多的追隨者，包括我自己也是！

有太多、太多方法可以達成 FIRE 了──你可以節儉度日、可以在高投資收入國家賺錢，再到生活成本低的國家退休長住、可以存到相當於你年支出 25 倍之多的錢、可以投資不動產、可以做副業，凡此種種。即便如此，有鑒於現今世界在財務方面充滿挑戰，還是有大量的人覺得 FIRE 很不切實際。大家都認為 FIRE 只適用於那些收入六位數的頂客族（雙薪無子女的家庭），並且處在生活支出極低的區域，因此才有辦法縮衣節食、精打細算過日子，然後在 40 歲時退休。但是，我現在就是要告訴你**任何人，無論住在哪、無論薪水多寡，都可以達成 FIRE**。在本書中，我特別強調了一種達成 FIRE 的策略，這個策略對所有人來說都是最適切、最可行的，而且將會重燃你的希望。

梭羅（Henry David Thoreau）曾經說過：「大多數的人，都在寂靜的絕望之中過完一生。」[1] 我想，他若是發現這句話在 173 年後的現在依然適用，他大概會覺得很遺憾。我在思考現今世代整體性的情緒時，想起的就是寂靜的絕望。

我們想要達到財務自由、能夠隨心所欲做想做的事情，但我們找不到方法來實現。相反地，我們同意接下來 40 年的人生中，每天長時間的工作（我們可能會告訴自己，這只是暫時的），只是為了「可能」的退休；我們接受自己的假期和週末時間受到限制，並且為了那份我們急需的薪水而飛奔回崗位工作。我們還有什麼選擇呢？我們有學貸要還，有看起來永遠付不完的帳單要繳，有小孩要養，要存他們的大學基金，還要趕快帶狗去看獸醫（當牠又一次吞下半顆網球的時候）。

即便想要在 65 歲時退休，似乎都很不切實際！有人算出了一個「200 萬美元」的數字，這是「專家」說千禧世代想在 65 歲退休的話，所需要存下的金額。200 萬美元，彷彿這應該是件很容易的事情。

不好意思，但你認識幾位百萬富翁？在這個年代，這個目標不只非常難以實現，而且是完全不切實際的，具體的原因是什麼？接下來讓我來說明。

根據消費者新聞與商業頻道（CNBC）的報導，每 3 位美國人中，就有 1 位的退休存款少於 5,000 美元。[2] 而且，報導指出，戰後嬰兒潮世代的人（你知道嗎？就是那些真的準備要退休的人）平均的存款是 24,280 美元。[3] 這群人在退

休後大概可以撐上整整半年，然後再回去工作，這真是太棒了。

　　我不知道你是怎麼想的，但是，在辦公室隔板之間工作、精打細算過生活、對每塊錢都斤斤計較，整整長達 40 年，而這一切都只是為了要存下幾百萬美元。對於這個可悲的企圖，我不是很樂觀。

　　新聞速報：傳統退休方式的真相已經被揭穿、出局，是老新聞了。（更多細節請見本書第 2 章。）那麼，我們還剩下什麼選擇呢？結果發現，要達成 FIRE，方法不只一種。

　　親愛的朋友們，請容我介紹一個革命性的概念，就是「被動收入」（passive income）。被動收入指的是，用很少的工作、甚至完全不用工作，所賺取的收入。

　　聽起來像天方夜譚嗎？想想看這個狀況：你把 10,000 美元放在一個利率滿高的線上帳戶裡，年收益率（Annual Percentage Yield, APY）是 2%，一年之後，你會賺到 200 美元的利息收入。你需要為這份收入做任何事情嗎？不用！這就是被動收入，[4] 也稱為非勞動收入（unearned income）。

　　假如你有足夠的被動收入來代替原有收入呢？讓我們用上述例子，再加上三個 0：若你存入該帳戶 1,000 萬美元，則每年有 20 萬美元的被動收入。如果不費吹灰之力，一年

的利息收入就有 20 萬美元，那把工作辭掉可能還滿安全的。然而，實際狀況很有可能是，你並沒有 1,000 萬美元的閒錢。別誤會，我自己也沒有，但是，有成千上百種方法可以賺到被動收入，其中很多都不需要任何的資金投入。

　　我是誰？我又有什麼資格可以把這些祕密告訴你？我的名字叫做瑞秋‧李察斯（Rachel Richards），27 歲，已經退休了，靠著每個月 10,000 美元以上的被動收入過日子。我的先生安德魯（Andrew），現在跟我一起將時間用來環遊世界、拜訪家人朋友、學習新技能、進行冒險，還有做任何我們想做的事情。

　　當我和安德魯第一次見面的時候，我們兩個人都沒有被動收入，賺的當然也不夠多，無法追求 FIRE。當時，我有一份工作，我的資歷對於那份工作而言完全是大材小用，薪水也太低，而且是在一位我所討厭的經理手下工作——那段黑暗的日子啊！

　　24 歲時，我有幾件事情滿順利的：我沒有債務，這一點我相當自豪。這是因為我在大學時非常努力工作，我當時在賣刀子（對，就是家可刀具❶）！我主修金融經濟，在畢

---

❶　譯注：Cutco，美國刀具傳銷公司。

業之後成為財務顧問；我過得很節儉，而且非常了解自己手上的錢。我當時正跟一位想法差不多的男人約會，他也沒有債務（安德魯用軍人福利來支付學費），他跟我一樣，心胸開闊又有野心。後來，我終於逃離了那份糟糕的工作，開始一份新的事業，那是一家很棒的公司，我所待的團隊也再好不過了，這讓我對於在組織中的升遷感到相當樂觀。

我初次嘗試被動收入是始於房地產投資。從我讀到和學到的內容看來，擁有不動產並收取租金看起來是個絕妙的方法，可以打造長期的財富。我的目標是要擁有一間用來出租的房產，安德魯立刻就表示他會支持我。事實上，那時我甚至還沒想到被動收入的概念，房地產投資就只是一件我想做的事情罷了，我根本不知道我接下來很快就會發現另外四大類的被動收入來源。

接下來的兩年，事情發展得很快，就像一場旋風。2017年，安德魯跟我一起買了第一棟雙拼式住宅，這棟房子每個月會帶來 500 美元的現金流。我們開始了一門隨需印刷（print-on-demand, POD）的 T 恤生意，可賺取被動的授權金。我出版了第一本書《讓可愛的錢自動滾進來：27 歲財務自由的理財 7 步驟》（*Money Honey: A Simple 7-Step Guide for Getting Your Financial $hit Together*），這也創造了被

動的版稅收入。那一年以及接下來的一年，我們又多買了幾處出租型房產，到了 2018 年末，我們已經突破每月 10,000 美元的大關。這些都還只是那一大堆被動收入現金流的其中幾個例子而已（我會在本書中教你），然後我們盡可能把所有力氣都放在如何讓這些現金流成長；在這兩年內，我們前所未有地認真工作。

　　我不曾想過要離開職場，直到發生了三件事情：首先，安德魯和我開始談到要搬去美國西岸，這是個問題，因為我們的工作地點都在中東部的肯塔基州路易維爾市；第二，我們意識到，跟所愛之人相處的寶貴時間是多麼重要，但我們的工作時間沒有彈性，因此做不到；第三，一位親愛的經理問了我：「妳生活中真正想要的是什麼？」我一時語塞了，因為我沒有一個明確的答案，這是我從來沒考慮過的問題。我總是想像著自己會順著組織階層往上爬，某一天會當上某家公司的財務長。

　　但是，我發現了一件事，因為有了被動收入的現金流，也就讓我有了選擇。那條現金流已經不只是超過我全職工作的收入而已，我再也不必工作了！我可以實現環遊世界和健行的夢想、去做所有想做的事情：寫作，或是使用我在財金方面的獨特技能和點子，來幫助其他人獲得我們所擁有的自

由。直到後來，做出離職的決定時，我在精神上非常痛苦，
但我最後還是漸漸了解到自己想要的是什麼。

　　2019 年，在我們購買第一棟雙拼式住宅僅僅兩年半之
後，我遞交了辭呈，向我的老闆說：「莎喲娜拉，寶貝。」
至於安德魯，他的熱情就真的在於他的事業，於是選擇了繼
續遠端工作。這些日子以來，對他來說，他的工作變得有趣
多了，因為他工作的原因是因為他**想要**，而不是他**需要**。

　　自從我離職後，就活在另一個平行現實裡，這是我夢
想中的生活，任何時候，我都可以自由自在做任何想做的事
情。這段文字，我是在洛磯山脈上打的，安德魯在我身旁，
查看著房地產的清單，同時在 Audible 網站上聽著《一級玩
家》（*Ready Player One*）的有聲書，我們剛健行完，正大口
地吃著新鮮的蘋果和草莓。我們不知道今天晚上、明天或是
五個月之後會做些什麼，因為我們有走一步算一步的自由，
從來不必擔心錢。光是每個月 10,000 美元的被動收入，不
僅足以支付 7,000 美元的月開銷，而且還有剩；我們毫無顧
忌地過著充滿彈性的愉快生活。我們自由自在，每天所感受
到的解放和喜悅都溢於言表。

　　如果我們可以在三年內從零被動收入到每個月 10,000
美元，你也做得到。即便你不是試圖要提早退休，但每月多

個 1,000、2,000 或是 5,000 美元的收入，或許會讓你的生活
有所不同。無論你是用這筆錢來支付帳單，或是花在一些你
從未想過自己竟然負擔得起的興趣或旅行，或者是存著以備
不時之需；每個月有一些額外進帳，這種美好的未來會讓你
躍躍欲試。被動收入的重點不完全是把工作辭掉，最大的好
處在於：

　　自由；
　　彈性；
　　財務自由。

　　**我很肯定，每一位成年人都可以因為自行運作的額外收
入而有所收穫──不只是財務上，更是情緒上和心理上的收
穫。**
　　或許你的身分是在家照顧孩子的父母，而為家人創造一
項現金流收入的點子讓你相當興奮；或許你的金錢管理做得
很好，但還是揹著好幾萬元的學生貸款，而額外的收入會加
快你的還款速度；或許你對自己的事業充滿熱情，但是這份
工作的薪酬很糟，於是你需要找一個不是用時間來換取金錢
的方法以增加自己的收入。

不管你是為了什麼原因，被動收入都可以是你的方法。

如果你常常出現週日恐慌，或是早上起床要去上班總是讓你感到恐懼，那麼本書就是為你而寫的。本書是寫給那些害怕畢業後過著朝九晚五生活的大學生；是寫給那些不想每天為了去上班而刮鬍子，比較想要花時間做自己想做之事的人；是寫給那些斤斤計較、過去 15 年把所賺的每一分錢都存下來，卻依然無法在 20 年內退休的經理。

假如上述情境裡有某一個讓你很有共鳴，那麼在這些書頁中等著你的內容，不只會改變你生活的方式和態度，還會讓你終於得以解放自我，開始為了你自己去做些什麼，而不是為了別人。一旦你將所學付諸實行時，你就踏上通往財務自由的那條道路了。

在本書中，我會向你說明我們是怎麼被要的：以為每週工作 40 小時、持續工作 40 年是很自然且相當可行的。你會看到時代已經改變了——現代年輕人的生活被延後了，對於生活的要求也變多了，這種改變的程度是前所未有的。你會學到替代方案、解決方法，讓你不會一輩子都只是在大公司裡當個小齒輪。

我先說清楚：被動收入不是個省事的方法，不是像去公園散散步那樣；你會需要流下等量的汗水，有時候還需要一

點錢來打造。如果你以為那兩年對我來說很輕鬆的話，嗯，我會很傻眼。生活中沒有哪件事是輕鬆的，但是，兩年間死命工作、然後退休，或是辛辛苦苦做個 40 年、然後退休；如果要你選的話，你會選哪一個？假如後者聽起來很有吸引力，那你可能還是先把這本書放下來，回到你的辦公室隔板裡吧。但要是你已經準備好要破釜沉舟，只為了讓餘生可以自由自在、不受限制，那就繼續讀下去吧，我會告訴你一些知識和技能（know-how）；怎麼做則全權看你自己，但你是做得到的。

第 1 篇，你會學到在傳統上如何定義退休，還會看到時代如何改變；我會向你介紹被動收入的美妙之處：那是什麼，以及怎麼運作。接下來，我們會說明被動收入的五個主要類別，以及建立這些被動收入的方法。

第 2 篇：授權金收入。

第 3 篇：投資組合收入。

第 4 篇：投幣式機器收入。

第 5 篇：廣告與電子商務收入。

第 6 篇：租金收入。

最後，在第 7 篇，我們會定義你的目標、制定策略，並以此作結，讓你開始自己的被動收入之旅。

　　加入那群成千上萬、已經用這些策略找到成功的人吧！

　　你只需要當個勤奮努力、堅持不懈又有創意的人就可以了。

　　廢話少說，讓我們開始吧！

財務自由的祕密

01　今非昔比，退休變得更困難

　　各位鄉親父老、兄弟姊妹，本書的整個大前提基礎就是傳統的退休觀念已經行不通了，因此，很重要的是要了解當我們說到傳統的退休時，指的是什麼。上個世紀是如何定義退休的？是什麼情況？大家怎麼做到的？

　　傳統上來說，大家會加入我所謂的「儲備金理論」（Nest Egg Theory），儲備金指的是一筆為了未來而存下的錢。一個有趣的冷知識：這個詞源自於在母雞的巢裡放一顆假的蛋，以此鼓勵母雞繼續下蛋的行為。

　　正式的儲備金理論是這樣的：在退休之前，存幾個億下來，然後餘生就靠著這筆錢過活。毫無疑問地，儲備金理論在過去極為有效，而本章的目的就是要向你解釋為什麼。若是缺乏這個關鍵的理解，很容易就會因為現在這個時代看似很糟糕的退休狀況而感到挫折不已，但我不希望讓你變得憤

憤不平。

在你目睹了曾經很美妙的退休策略演化過程之後，就會完全理解為什麼被動收入的概念很棒，以及為什麼被動收入更適用於現在這個時代。

 ## 儲備金理論曾經真的是可行的嗎？

談到儲備金理論，讓我們先來處理這個如同燙手山芋的問題：為什麼人們都相信存下一大筆儲備金，然後在 65 歲退休是件合理的事呢？這真的做得到嗎？

答案是，它曾經非常有效……在幾十年前。儲備金理論曾經很容易做到，讓我們一起漫步回到過去，去 1950 年看看。從 1950 年開始，有七項主要因素出現了劇烈的改變：

- 家庭開銷
- 生活方式的壓力
- 預期壽命
- 社會安全制度
- 退休金

- 讀大學的開銷
- 每週工時

接下來,我會帶你逐一檢視這些因素,向你說明從 1950 年以來,時代改變了多少。

 ## 家庭開銷

美國人現在擁有的住房空間是前所未有的多。1950 年,平均一個家庭的房屋大小是 28 坪,現在則是 74 坪。[5] 不僅如此,1950 年每戶人口數平均是 3.8 人,到了 2017 年,每戶平均則是 2.5 人。[6] 因此,1950 年,每個人平均擁有 7 坪,時至今日,每個人則擁有 30 坪。我的天呀!我們要這麼多空間做什麼?(明明有那麼多空間可以做各式各樣的活動!)

因為房屋愈來愈大,今日我們花在房屋上的錢也比幾十年前來得多。同樣的趨勢也適用於汽車和科技,1950 年的家庭可能全家共用一輛車就夠了,現在一般來說,家庭中每位成年人都有一輛車。再來,現代人對科技的需求幾乎是強

制性的，每戶至少有一台電腦，而且所有達到工作年齡的人都需要一支手機。

現在造成家庭經濟問題最大的主因是兒童照護。要找到 1950 年的兒童照護資料數據相當困難，因為雙親家庭中大部分的媽媽都在家陪小孩。1956 年，擁有 6 歲以下孩子的媽媽當中，只有 16％出外工作。近年來，有學齡前子女的母親，其勞動參與率達到 64.4％，[7] 而且，如果想讓你的小孩進入一家好的托育機構，那麼通常需要早在備孕時就開始登記排隊！兒童照護費用高漲，這對媽媽們來說絕對是一點好處都沒有：她們不是得工作來負擔這筆費用，不然就是離開職場以避免產生這筆費用，再不然就是在兩者之間疲於奔命。

隨著每個新世代的來臨，我們都致力於提高生活品質，但隨之而來的是開銷的增加，而這可能也意味著為退休而存錢會更不容易。

生活方式的壓力

現在的小孩、青少年、成人，都因為那些網路照片所勾

勒出的一種完美生活方式而應接不暇。廣告中常常可以看到在紐約開著法拉利、住在高樓大廈裡的模特兒。真要命！我經常會在網路上看到認識的人開著華麗跑車、住在好到不可思議的地方。

排場上的較勁，在過去指的是你嫉妒那位剛買了一輛保時捷的鄰居，而你也想要依樣畫葫蘆。這種情況有著地理上的限制，你的比較對象真的就只有你眼前所及的那群人。而今社群媒體改變了世界，可能會讓我們覺得自己值得擁有生活中的某些東西，僅僅因為我們看到成千上萬的人都擁有這些東西。回到 1950 年，那時網路還不存在，這種生活方式的壓力並不存在（至少不是現在這種程度）。

現在，所有事情都圍繞著美麗與否打轉。廚房不再只是一個功能性的空間，而是一定要經過設計、裝飾得很有品味。洗衣機不再只是被塞在某個沒蓋完的地下室或是車庫裡，現在，我們那組搭配好的洗衣機和烘衣機被陳列在完美無瑕的玄關置物間裡。對於醜陋的容忍度是零！我知道有些人因為自己的家不夠「美麗」而感到丟臉，每樣東西都一定要有上得了 Instagram 的華麗外表（#Instagrammable）。

心理上來說，「忍住不花錢」變得前所未見的困難，因為只要這個念頭一出現：「如果我高中時期的朋友莎曼莎負

擔得起，我也可以，因為我確定她賺的沒有比我多。」就可以合理化接下來的購物行為。

 ## 預期壽命

1950 年達到退休年齡的人，預期壽命是 79 歲；[8] 現今，達到退休年齡的人，預期壽命是 83 歲，[9] 意思是現在退休的人需要多準備 4 年的退休金！而且，我們不只活得更久，退休也更早了，1940 年的平均退休年齡是 70 歲，但 2000 年則是 62 歲。[10] 這些數字代表什麼意思呢？我們退休生活的長度大幅增加。1950 年，男性勞工平均的退休生活時間是 8 年，而現在則長達 19 年！重點是，為了退休，我們要準備的錢比之前都還多出許多。

 ## 社會安全制度

算你運氣好（或者說算你倒霉），我大學四年級時寫的畢業論文就是探討社會安全制度，因此，如果我在這邊顯得

有點狂熱，請原諒我。在美國，社會安全制度是一項計畫，
政府會提供福利金給退休、失業和身心障礙的人士。如果你
是屬於千禧世代或是 Z 世代的話，很有可能聽過一些謠言，
說等到我們要退休的時候，社會安全制度計畫甚至將不復存
在。在這裡，就不得不問一句：到底發生了什麼事？

　　來上一堂簡短的歷史課：我們那位老好人總統富蘭克
林·羅斯福（Franklin D. Roosevelt）於 1935 年簽准了《社
會安全法案》（*Social Security Act*）。大家需要政府提供福
利，主要是因為經濟大蕭條的緣故，對於許多家庭來說，這
是一份不可或缺的補助。問題在於，政府沒辦法在這項新計
畫上投入資金；若要發出現金給國內每一位退休人士和身心
障礙人士，需要極大的一筆錢。政府的解決方法是建立一套
系統，讓年輕一輩的人支付老一輩的人的退休福利金，羅斯
福總統對當時「有工作」的美國人徵收社會安全稅，接下來
這份稅收被用來支付當時已退休美國人的福利金。[11]

　　於是乎，每張薪資支票必須被抽走 6.2％的社會安全
稅，那用去哪了呢？並不是替你保管，而是立刻被拿去付給
當時已退休的人。[12] 這樣的安排是極為高明的想法，社會安
全制度剛開始的那十幾年，美國的工作人口都比退休人口來
得多，每一位領取社會福利金的退休人士，後面都有多位工

作人口支付社會安全稅。政府在 1940 年支付了第一筆福利金，在當時，每位受益人背後有 159.4 位工作人口在支付這筆錢。[13] 這種稅制的設置意味著，要支持這些退休的美國人，資金是綽綽有餘的。

……直到事情出現了變化。

戰後嬰兒潮的世代，也就是大約在 1946 至 1964 年之間出生的人，很快就變成美國當時最龐大的世代，這太棒了，當他們達到工作年齡，開始對社會安全制度有所貢獻時，這個信託基金像吹氣球般地成長！

然而，政府沒算到的是，這些戰後嬰兒潮世代的人終究會退休，而當他們無可避免地開始退休時，就會帶來災難性的衝擊，因為對於退休的美國人來說，所對應到的工作人口將會減少。到了 2013 年，每位受益人背後只剩下 2.8 位工作人口。[13]

另一個令人擔憂的趨勢是，每戶家庭的生育數量持續下降。今天出生的孩子變少，意思就是未來的勞動力會減少，勞動力減少、退休人口增加，支撐起來就會很辛苦。人口組成的改變讓這個計畫開始產生龐大的財政壓力，突然之間有很多退休人士都在領福利金，讓這筆資金的盈餘不斷縮水。當然，政府漸漸地稍微延長退休年限、提高稅率、減少福利

金，但動作並不快、手法也不夠激烈。

基金的託管人最近發布了一則「給大眾的訊息」，內容簡要地總結了 2019 年度報告。「這項計畫歷經 84 年以來，總共募集了大約 21.9 兆美元、支付了 19 兆美元；2018 年底，兩項信託基金中的資產存底剩下 2.9 兆。」這是件值得慶祝的事嗎？並非如此。他們繼續說道，這些信託基金會在 2035 年被消耗殆盡。除此之外，2020 年社會安全制度的總支出預計會超過總收入（包含利息），這是自 1982 年以來所首見。[14] 真棒。

曾幾何時，這是一個表現可嘉、堅若磐石的社會保險計畫，現在卻成為燙手山芋。老化的世代的人數之多，對這個計畫造成了極大的壓力，資金不斷被消耗。不過，造成壓力的不只是戰後嬰兒潮的世代（也並非故意為之），還有預期壽命的延長與退休年齡的降低。

這些都歸結到一點，就是現在的千禧時代正在透過社會安全稅，替他們戰後嬰兒潮世代的父母支付退休金，但是，等到千禧世代想要退休的時候呢？目前看來，他們就準備死得很難看吧。如果你現在未滿 40 歲，那就要做好最壞的打算，別期待退休時可以收到任何社會安全制度的福利金。

退休金

　　退休金很快就要變成過去式了。退休金是確定給付制的一種，這筆錢是由僱主提撥給美國政府，大概是這樣運作的：為了讓員工可以長久待在崗位上，並且對公司保持忠誠，作為交換，公司會從你退休開始、到你死亡為止，每個月固定付你一筆錢，而且，這是在你可領取的社會安全金之外的一筆錢。酷吧！

　　如同前述社會安全制度內容中提過的理由，退休金也要消失了，而現在還存在的那些退休金也沒多好。對於僱主們來說，退休金的支出變得過於龐大、難以維持，因此，在好幾十年前，美國大企業開始向國會進行遊說，想要提供另一種型態的退休福利，401(k) 退休福利計畫就是這樣出現的，也很快就變成最常見的僱主支付退休金制度。

　　401(k) 退休福利計畫的不同之處在於，員工自己要負責對此做出貢獻，但許多員工都沒有這樣的自制力或能力來善用這個制度。401(k) 計畫把退休的重擔放在員工身上，而不是僱主身上。

　　確定給付制的年代已不復存在，退休金所織就的安全網也隨之而去。

讀大學的開銷

　　如果你對下面這則迷因（meme）感同身受的話，請舉手：「太感謝您了，學生貸款，感謝您讓我念完了大學，這筆恩情，我實在是**還不起**。」從 1950 年到現在，最常被報導的一個趨勢就是大學學費的攀升。

　　2018 年，《富比士》（*Forbes*）的一篇文章表示：「大學教育所需的費用飛漲，於是乎，現在學生貸款已經是美國非房貸類債務中最高的債務，這一點也就不足為奇了。沒錯，比信用卡和汽車貸款都還多。」[15]

　　如果你願意的話，我們來做個小小的比較。1988 至 1989 學年，一所四年制的公立大學，學雜費是 3,360 美元（用 2018 年的美元幣值來看），所以四年下來，總共是 13,000 美元。2018 至 2019 學年，同樣的四年，所需的花費超過 40,000 美元！[16] 這個價格可是 30 年前的**三倍以上**。而私立學校的話，你甚至都不會想知道那個數字是多少。

　　我爸，一位肯塔基州的老好人，每年夏天都在菸草倉庫工作，就學期間則是在當家教，他就是這樣支付自己的私立大學學費，這筆錢當時每年大概需要支出 3,200 美元左右。應付得來，對吧？許多戰後嬰兒潮世代的人都像他一樣，記

得自己輕輕鬆鬆就可以一邊工作、一邊念大學，畢業時身上往往沒有負債，就算有，也不多。

李察斯老爹說：「我畢業後第一份工作的薪水是 14,500 美元，比我四年付的學費加起來還多，但現在這之間的比率已經不同了，現在有多少新鮮人找得到第一份工作的薪水就超過大學學費總支出的？投資報酬率不同了。」

哦，對了，我跟我爸念的是同一所大學，35 年過去了，我一年要付的學費大概是 42,000 美元，我這張畢業證書總共比我爸多花了 150,000 美元，真是太幸運了。

現在，畢業時身上沒有債務幾乎是不可能的，現在的學生不能僅只是找一份暑期工讀，就期待自己賺到的錢可以負擔得起學費。別誤會我的意思，有些學生還是找到方法做到了，這相當令人刮目相看。但是，對大部分的人來說，大學畢業時毫無債務是很不切實際的想法，除非有人幫忙買單或是拿到足夠的獎學金。學費高得離譜，但是所有人、每位鄰居都去念了大學，如此一來，現在的大學學歷就沒那麼有優勢了。

當你想到畢業時負債所帶來的財務衝擊，就會明白你可能正在**抵銷**自己「創造收入」的目標。債務每個月都會產生「負的金流」，一旦要開始償還學生貸款時，就已經在拖累

你的收入了，而這種負擔可能會持續好幾十年。本書的目的是要試著**創造**每個月 700 美元的被動收入，而不是每個月**償還** 700 美元的債務。

 ## 每週工時

　　回到 1800 年代，有大量的勞動力都在工廠裡，每週 7 天、每天 10 ～ 11 小時的工時是常態。幸運的是，在咆哮的 1920 年代，有位特別的傢伙改變了這一切，亨利．福特（Henry Ford）在 1926 年引進每週工時 40 小時，這一點受到廣泛的讚揚。他認為過高的工時反而會影響員工產值。[17] 每週工作 40 小時對於員工來說是很大的勝利，而其他公司則感受到壓力，必須要跟進。

　　然而，如果有一件事從 1950 年到現在都沒變的話，就是每週工時 40 小時。事實上，市場調查公司蓋洛普（Gallup）在 2014 年進行的調查發現，每週平均工時比較接近 47 小時，而且基本上是 6 天，不是 5 天。[18]

　　當我問我的朋友，他們對每週工時 40 小時有什麼看法時，有位朋友說：「每週工作 40 小時的話，我一定會愛死！

我一般每週都工作 50 ～ 60 小時。」這是一個很好的例子。

　　是時候該質疑整個社會對於每週工時 40 小時的狂熱了嗎？一位居住在紐約市的商業作家特瑞莎・亞鉤維諾（Theresa Agovino）說道：「畢竟，標準美式一週的工作天，可以追溯至工業時代，但可能不適合以知識為基礎的經濟。」[19] 這個概念在上個世紀受到廣泛採用，但跟當時比起來，我們的世界已經很不一樣了。

　　我去問了我認識的人對於每週工時 40 小時的看法，以下是他們想說的話：

　　艾咪：「我寧願考核的標準是以產出結果為基礎的。」

　　提娜：「這是個過時的觀念。我的上一份工作，每週大概花 30 小時就把工作都做完了，然後我真的會花 10 小時在做一些完全沒意義的事情。」

　　凱特琳：「週末有三天的話，我真的會很開心……如果我週五或週一不用上班，就會快快樂樂地去露營。」

　　英格麗：「這真的要看你在哪個產業。」

　　托利：「我超討厭這個的……讓我覺得自己被困住又很沒有生產力。請用別的方式來量化我的工作，但不要強迫我每週要花 40 小時坐在辦公桌前。」

　　崔兒喜：「我認為應該要更以產出為基礎。有些人做得比別人快，我提早 2 小時做完，接下來就沒事做了。」

　　伊莉莎白：「我認為『每週工時 40 小時』完全就是過時的觀念，當這個概念剛發展出來的時候，工作的一致性很高，日復一日，工作內容都差不多，因此高工時意味著高產出（想想看耕田、裝配線、零售商品的製造等等）。」

　　凱莉：「每週工時 40 小時真的超不重要。只要把該做的事做完、甚至還超出預期的標準，誰還在乎你工作多久？」

　　我自己的經驗與這些回饋是一致的。我在不止一份的工作中，體驗到的是有連續幾週很忙、很混亂，接著又會有幾週很清閒、無聊。當有位經理告訴我，我每天下午 4:45 就下班會產生不好的印象時，我很挫折。這位經理強調，我應該試圖打造出某種特定的「形象」，而這種評論本身就是一項證據，證明比起產出，我的主管更重視我投入的「時間」。在他們的眼裡，**高工時就等於好員工**。不用我多說，我認識的人當中，大部分都不滿意這種工作時間的安排。不幸的是，有個既定印象是這樣的：只要你的工時低於 40 小時，就很懶惰、很糟糕。

2018 年勤業眾信（Deloitte）的調查報告指出，要贏得千禧世代和 Z 世代的忠誠，關鍵在於工時的彈性：「那些對於自己的薪資與工時彈性感到不滿的人，愈來愈被零工經濟（gig economy）所吸引。」[20]

勞工們要求改變，但公司和企業並未做出回應。「現在，如果你在 3 小時內把工作做完，那麼結果只會是這樣的：有人會給你更多工作。」CBIZ 人力資源的執行董事克萊爾‧畢索（Claire Bissot）如是說道。

千禧世代在 2016 年成為勞動人口中數量最多的一個世代，他們和 Z 世代都要求改變。每週 40 小時的工時造成了空前的壓迫感。

 結論

我已經大致說明過，隨著時代發展的七項改變最大的因素是什麼。重點是，我們的經濟環境已經改變了，而每一項改變都讓退休變得更加困難。

對於 50 年代的一對年輕夫婦來說，很多條件都對他們相當有利，他們可能擁有一棟 28 坪的房子，兩個人共用一

輛車。對，還是有一些跟鄰居進行軍備競賽的壓力，但不會一直被社群媒體上陌生人的精緻漂亮廚房和奢華假期照片所洗版。丈夫有一份全職的工作，妻子則在家陪小孩，然後他們預期在 66 歲退休。他們不只從來不需要申請學生貸款，還期待子女自行負擔教育費用。退休之後，夫婦兩人可以靠著社會安全福利金來補貼丈夫領的月退俸。除此之外，他們還有存了一輩子的儲備金，讓他們有餘裕可以多買一顆抱枕。

我們把這對夫婦拿來跟現在類似的家庭做比較。一對年輕的夫婦，擁有一棟 56 坪的房子，還有兩輛車。兩個人都有全職工作，在幾年內會還清學生貸款，他們剩下的唯一債務就是房貸，但他們還不確定該怎麼把孩子養到大學畢業。他們的存款幾乎都不夠自己過上 30 年的退休生活，他們不願仰賴社會福利金，而且他們的僱主都沒有提供月退俸。他們覺得自己每件事都做對了，但依然捉襟見肘。

無可否認，這些都是虛構的情境，也無法百分之百代表每一對夫婦或是家庭，還有很多其他的因素，所以我知道這是一個過於簡化的視角，但應該還是可以給你一點概念，理解從過去到現在有多少事情已經不一樣了。退休曾經是一件相當簡單明瞭的事情。

　　但是，哈囉，醒醒好嗎？在 1950 年行得通，現在已經行不通了！從某個時候開始，我們的思考有了疏失，沒有把這些趨勢的改變考慮進去，那我們現在還剩下什麼呢？只有完全過時的退休哲學。**曾經很實際的做法再也行不通了，繼續採用好幾十年前的同樣做法，只會讓我們陷入失敗。**

　　然而，時代改變真的讓儲備金理論完全無效化了嗎？對大部分的人來說，可能還是行得通吧？親愛的，門兒都沒有。下一章，我們會將全部注意力都放在儲備金理論上，你就可以具體看到這麼做的風險有多高、多困難。一旦你破除了儲備金理論的迷思，就終於能夠摸索出一條路來，透過被動收入達到財務自由。

拆穿退休金的真面目

 ### 退休的定義

「從一個人的崗位或職業中抽身，或是離開積極的工作生活。」　　——韋氏字典（Merriam-Webster）

「離職或是停止工作的行為或事實。」

——dictionary.com

「當一個人選擇永久不再提供勞動力時的那段生活。」

——投資百科（Investopedia）

上述的定義相當一致，但你認為退休意味著什麼呢？你是如何定義這件事的？與自由和財務自主有關嗎？或者，就只是辭職、再也不工作的這個行為而已？你能不能在「退休」後還繼續工作？

我問了朋友是怎麼定義退休的，她說：「再也不必工

作。」這個定義隱含了什麼意思呢？傳統上來說，你之所以工作，是因為你需要錢；沒有薪水，你活不下去，至少活不了太久。所以，如果退休的意義是再也不必工作，那麼**這個退休的定義一定包含財務自由。**

退休＝自由

退休＝選擇

退休＝財務自由

如果你達到財務自由，就可以想做什麼就做什麼！或許你想要繼續工作──那太棒了！重點是，現在你是因為**想要工作**才工作，而不是因為你**必須工作**。你再也不是為了錢而工作。說得更清楚一點，在本書裡，「提早退休」和「財務自由」是同樣的意思。

 ## 200 萬美元

退休的定義是一回事，「怎麼退休」則是另一回事。在上一個世紀，人們都認同儲備金理論：先存下一大筆錢，退

休後再靠這筆錢過日子。那麼在這個情境裡，千禧世代的人需要多少錢呢？在 Google 上快速搜尋一下，就會看到一個經常被引用的數字——千禧世代需要存的儲備金不多，200 萬美元就夠了。

　　舉例來說，2016 年，《今日美國》（*USA Today*）的羅伯·包威爾（Robert Powell）表示，千禧世代裡，年紀比較大的那些人需要 180 萬美元；年輕一點的人則會需要近 250 萬美元，才能舒舒服服地退休。[21] 2019 年初，FBFS（Farm Bureau Financial Services）保險公司寫道，嬰兒潮世代當初退休需要 130 萬美元，而千禧世代卻需要 180 萬美元。[22] 金額變高的原因，就是因為社會福利金減少，再加上通貨膨脹。其他專家，例如 Entrepreneur.com 的約翰·藍姆頓（John Rampton），引用的數字則高達 700 萬美元。[23] 為了本書的主旨起見，我會採用較低的那個金額，然後我會宣稱，千禧世代要在 65 歲退休的平均存款是 200 萬美元。

　　在現實生活中，人們有多大的機會能成功存下這筆錢呢？

　　嬰兒潮世代可能不需要存到 200 萬美元之多，但他們實際上需要的絕對比他們存下來的多。一份 2016 年的研究顯示，在 56 ～ 61 歲這個年齡層的退休帳戶裡，平均有

163,577 美元。[24] 一份 2015 年的研究發現，50 多歲的勞工家庭存款是 117,000 美元，大部分的人都計劃 65 歲以後繼續工作，或甚至完全不退休。[25] 事實上，根據美國政府責任署（Government Accountability Office, GAO）指出，55 歲（含）以上的家庭中，約有 29％的人既沒有退休存款，也沒有月退俸可以領。[26]

為什麼？是出了什麼差錯嗎？還是千禧世代被耍了，以致相信這個 200 萬美元的存款目標是可能達成的？尤其是嬰兒潮世代的人，存款連這個金額的十分之一都不到！這些數據描繪出一個令人震驚的事實──只有極少數人才有辦法存到這筆錢。

要怎麼存到 200 萬美元呢？從 25 歲開始，假設每年的複利率是 8％，你必須每個月存下 621 美元，持續 40 年。我不清楚你的實際狀況，但大部分我認識的千禧世代是真的負擔不起⋯⋯至少在年薪 4 萬美元、每月必須還 400 美元學貸的情況下，實在無法負擔。存到 200 萬美元並不簡單，也不是你會覺得理所當然的事，而且不幸的是，我們大部分的人都做不到。

我不確定這套退休方法是不是媒體、父母、老師或是朋友灌輸給我們的，但甚至有一些財經權威專家也這麼說，

像是蘇西・歐曼（Suze Orman）和戴夫・拉姆西（Dave Ramsey）。別誤會，我是戴夫・拉姆西的大粉絲，我只是覺得很諷刺，這些權威人士教給別人的致富方法，像是「付清債務」以及「將收入的 15％存下來」，但與此同時，這些人士本身卻是藉由販賣產品以及擁有事業來致富。

不過，你可能很樂觀，也許你沒有學貸、卡債或車貸，我畢業的時候就是這樣，所以我知道這是可能的。你們之中有些人就是這樣，我已經可以看到你在打什麼主意了，你正在盤算要怎麼達到 200 萬美元的目標。

想存更多錢時，會遇到的限制

你必須存下很大一筆錢。一個小提示：有兩種方法可以讓你達成這個目標，不多不少。

- 減少支出
- 增加收入

當我們想要存更多錢的時候，常會直覺地專注在節流

上，而不是開源。只注重節流，會在兩個層面上產生問題：

- 這種做法有其極限。你只能節流到某種程度，一般來
  說，像是償還貸款和水電費都沒有討價還價的空間。
  （雖然如此，試試看也不會少一塊肉！再讓我知道結
  果如何。）

- 很難長期維持這種做法。「生活品質，再會了。」你
  說得出這句話嗎？再也不出去喝一杯、再也不買新衣
  服、再也不去旅行……沒有人會對這些事說：「這太
  吸引人了！」當你把預算抓得很緊，就持續不了太
  久。永久降低生活品質、不去做自己喜歡的事情，這
  些事會令人感到很挫折。我的意思並不是說你不應監
  控自己的支出，如果你讀過我寫的《讓可愛的錢自動
  滾進來》，就會知道好好控制自己的花費有多重要。

我們都很熟悉這種常見的理財建議：

朋友：「我沒辦法控制自己的花費。」

你：「記錄你的支出，就可以看到自己在哪些地方的花
費過高，然後要制定預算，並遵照這個預算來花錢！」

朋友：「我該投資什麼？」

你：「一些不同的股票和債券，不要只選定單一一支股票，而是要選好幾支不同的股票，也可以選共同基金或是指數型基金，這樣就能分散風險。」

沒錯，理財的基礎很重要，我在《讓可愛的錢自動滾進來》也教了這些東西，時至今日，我也持續支持這些觀點。在日常生活中，若要把金錢管理好，這些技巧至關重要；但沒有人有辦法因為每天不喝星巴克以及投資共同資金而存到 200 萬美元，你要做的可不只這些。

你無法控制股市

即便你有辦法持續 40 年，每個月都存下 621 美元，股市也無法保證你的報酬率有 8％。你無法控制股市，它自己會漲、自己會跌，你無法預測它的動向，絕對不可能。如果你入場的時機稍微沒那麼理想，而且你已經 62 歲了，那麼這筆投資顯然太重大了，當下一波不景氣到來時……你的儲備金就沒了。這是許多 2008 ～ 2009 年之間準備要退休的

人，其悲劇般的命運；他們需要花好幾年，甚至是好幾十年來彌補這筆損失。

如果發生在你身上，你會有什麼感受？你每件事都做對了：你付清債務、節儉度日，你一次又一次向旅遊計畫和外出用餐說「不」，你縮衣節食、謹慎儲蓄，終於走到這一步，準備帶著 200 萬美元退休，結果卻損失了一大半的錢。如果你已年屆退休，又在經濟不景氣的時期大量投資股票，那你就太衰了。退休計畫＝取消，無限期取消。

股市不是唯一一個會讓你失去大筆錢財的地方，任何超乎意料或是不在你掌控範圍之內的事情，都可能會吃掉你的存款。我說的是離婚、長期的身心障礙、訴訟或是健康問題，這四項當中，只要有任何一項發生，你都可以跟你的儲備金揮揮手說再見了。

簡而言之，即便你把每件事都做對了，你辛苦一輩子存下來的錢還是沒有保障。

 ## 逃離永無止境的金錢賽跑

我 20 歲出頭的時候擬定了一個計畫，要在 60 歲左右存

到 200 萬美元，但是沒過多久，我開始細細考慮上述那些風險，也認真檢視了接下來 40 年的人生，然後我意識到自己想要脫離這種生活。

對於這種為了退休，一輩子都在工作，而且退休還是可能隨時告吹的概念，我不是唯一一位提不起興致的人。我在線上請大家回覆，對自己而言，退休在心情上有何意義，我收到一些回應：

凱莉：「當你有辦法不再做那份賴以維生的工作的時候。」
貝絲：「存夠錢，不用再朝九晚五。」
荷莉：「那段終於不只是生存，而是真正在生活的時光。」
凱西：「甜蜜又美好的自由。」
伊莉莎白：「來得總是不夠早。」

這些回應都有一個共同點：暗示著一種**被困住、無法真正享受生活**的感覺。

想想看：我們大部分人都有一份全職工作，好換來一份薪水；我們放棄自己的生活，好讓別人可以美夢成真。執行長與股東們都被養得白白胖胖、開開心心，而我們這麼努力，最後得到什麼呢？我們每週可能要工作 40 小時（實際

上幾乎是 50 小時），我們一週工作 5 天，好讓自己可以享受 2 天的週末，投資報酬率是多少呢？你投入 5 天，得到 2 天……我的朋友，看起來並不怎麼樣。如果你有位大方的老闆，你會有幾天的年假？ 2 週？ 3 週？當你談好薪水、在合約上簽名，表示自己願意拿每年 49 週的時間去換 3 週的休假時，你很可能還會對此感到很開心。

你還不懂嗎？

你會給別人 49 元，然後接受 3 元的報酬嗎？不會。所以你為什麼如此對待你的時間呢？你付出去的可是你的「**人生**」。工作一輩子，等到 65 歲才可以開始玩樂，我們為什麼會覺得這是可接受的呢？僅僅因為其他每個人都這麼做嗎？僅僅因為「事情本該如此」嗎？

我不這麼認為。

 ## 悲慘的命運

如果你還沒被說服，不要擔心，我會繼續說下去。我們現在來討論一下死亡的問題。

你甚至無法保證自己會活到 65 歲。沒錯，你很可能可

以活到 65 歲。我們住在第一世界國家，我們有一些醫生和醫院是世界最頂尖的，而且你很有可能沒有對腎上腺素成癮的問題，也很可能不是電影《赤手登峰》（*Free Solo*）裡的那個傢伙，但是（這是一個很重要的但是），**你的人生中依然沒有什麼是百分之百有保障的，連生命本身都沒有任何保障**。與其開始一整段「人生很短暫」的長篇大論，我只想要問你一件事：冒這樣的風險，值得嗎？一輩子做牛做馬，把你的自由推遲到自己甚至可能享受不到的時候，這麼做是值得的嗎？

如果你的確活到了退休的年紀，也無法保證你的健康狀況良好，中風、心臟病和癌症，在那個年紀更為好發。不管你有多健康，都無法永遠掌控自己的健康狀況。

現在將是你接下來人生中最年輕的時刻（因此，很可能也是身體狀況最好的時候），難道你不想在 20 歲、30 歲、40 歲的時候，精力充沛地去做一些像是跟孩子玩或是跑馬拉松之類的事嗎？就我個人而言，我無法想像自己 70 歲垂垂老矣的時候，爬上聖母峰基地營的樣子……我大概甚至不會想去做這件事。等到你 65 歲的時候才去冒險、做一些只有體能狀態在巔峰時才能做的事情，這完全不合理。

各位女士、各位先生，聽好，這個計畫有很大的缺失。

讓我們複習一下儲備金理論的問題所在：

- 要存到 200 萬美元很難，你只能做到一定程度的節流。
- 你無法控制股市。
- 你可能會經歷離婚、死亡、長期的身心障礙、官司，或是健康上的緊急狀況。
- 工作 40 年聽起來很沒有吸引力。
- 你可能還沒退休就死了。
- 你可能會生病，無法好好享受退休時光。

沒錯！這個策略包含了太多的「如果」、「而且」和「但是」，讓你無法真正感到安心。我的意思是，每一件事都不能出錯，這個策略才會成功。

所以，拜託，我們是不是終於可以讓這個理論入土為安了？這不是個好計畫。我們被洗腦了，不只認為存錢準備退休是有可能做到的，還以為「很簡單啊！每個月存下薪水的 15% 就好了」。不，不是的，真的不是。

好好接受事實，讓事實開始鞭策你，並有所行動。你必須改變對這件事的觀點，讓我來引領你走向光明！

年輕世代正在覺醒

　　無論你是否在買下本書之前就已經是這麼想，還是你現在才同意這件事，但年輕世代終於開始意識到退休並不容易。不僅如此，他們也不想要把自己的一輩子都投入在沒有什麼成就感的事業中，只為了達成 200 萬美元這個站不住腳的退休金目標。

　　這樣的覺醒引發了三種不同的回應：

- 「這就是我身處的現實」或是「我可以接受這樣的安排」的回應。基本上，年輕人麻木地接受了儲備金理論，以及他們接下來 40 年糟糕的前景，並認為這就是現實。沒有其他辦法了，所以只好費盡千辛萬苦去做。這些人可能還保有一絲希望，認為他們有辦法過得足夠節省，讓自己可以退休；他們甚至可能會跟進並實施一些著重在節儉方面的最新風潮：鬍子主義（Mustachianism）、極簡主義（Minimalism），還有小房子運動（The Tiny House Movement）。採用這些概念並過得足夠節儉的話，或許足以讓你退休，也或許不能。不管用哪種方式，這群人已經**認定**這就

是眼前唯一的路了。

- 「幹嘛這麼麻煩？」的回應。這些人認為目前糟糕的情勢就是這麼慘，他們相當絕望。他們不知道為什麼要費盡千辛萬苦去嘗試存到足夠的錢，同時卻做著毫無意義的朝九晚五工作；他們認為一切都只是絕望的掙扎，辛辛苦苦想在生活中掙得一些愉悅；他們完全放棄節儉度日了。這樣的態度導致他們在財務上完全不負責任，甚至可能讓他們覺得自己有某種權利或資格，也可能讓他們對於這個世界和事態憤恨不已。他們是這麼想的：「既然無論如何我都會完蛋，那我可以現在就大手大腳過生活、盡情花錢。」

- 「去他 X 的」的回應。這就是那群去找尋替代方案的人。他們拒絕接受這個現實，決心要找到一個更好的方法。他們用自己的方法去追尋 FIRE 的目標。當然有第三種方法的存在、一些沒想到的選項，還沒有被完全開發，對吧？他們認為：「我要找到一個更好的方法來做這件事。」而且他們決意要成功。

　　一開始，我認同的是第一種回應。然而，儘管我一直都試圖勤儉度日，並對自己的財務相當負責任，但要我大幅度

地勒緊褲帶，才能有足夠的錢可以追求 FIRE，這個想法對我來說有點滅火。再者，我大學畢業時的年收入是 36,000 美元，而且我把一半的收入都存下來，這可是輝煌的戰果。但是，即便每年存下 18,000 美元，都無法保障我能獲得傳統定義的退休，提早退休更是免談！你在跟我開玩笑嗎？

　　有一些 FIRE 的方法，對於高收入、無子女，也不介意過得極為節儉的人來說，相當有效。他們可以高強度地持續存個 5 ～ 10 年的錢，然後在 30 或 40 幾歲的時候退休。但讓我們面對現實吧：對於大部分的人來說，這種程度的儲蓄是很不切實際的。那些年薪 5 萬美元，要獨自養育兩個小孩的單親家長怎麼辦？他**真正**能存多少錢？再加上，年輕的時候放棄生活品質到這種程度，真的值得嗎？至少這個方法無法說服我。

　　現在，我完全支持第三種回應。我找到更好的方式來達成財務自由，也證實了這種方式是真的有效，並且正在以教導他人這個方法為己任。生活不必如此，你可以選擇那個替代方案，也就是第三個方案。

　　到了現在這個時候，你已經了解大致的情形：時代是如何演變的、為什麼儲備金理論是通往退休的標準路徑，以及為什麼存到 200 萬美元的儲備金是很不切實際的。你可能已

經認出某些對於這項知識的常見反應。要追尋並找到替代方
案的下一步，就是去了解我們最重要的資源，以便理解被動
收入如此出色的原因。

03　你最有價值的資源：時間

　　傳統上來說，我們用時間換取金錢，不投入時間，就賺不到錢。

　　那如果切斷時間與收入之間的聯繫，會怎麼樣？本章將詳細解釋這個思考的過程，最後會抵達被動收入的概念。我們會討論兩種資源──時間和金錢，也會討論哪一種價值比較高；接下來會說明，節省資源與工作外包，將如何讓我們能夠以自己的資源為最優先；最後，我們會將這些概念串連在一起，與被動收入相連結，你將會徹底理解為什麼被動收入的力量是如此強大，以及被動收入將如何讓我們釋出最有價值的那項資源。

　　我們最有價值的資源是什麼？時間，還是金錢？

　　假如你可擁有更多的錢或是更多的時間，你會選擇哪一個？把書闔上（不要偷偷往下看！），花點時間，在心裡想

好你最終的答案。

　　加州大學的教授曾經為了一項研究，向 4,000 位以上的美國人詢問這個問題；他們發現，比起時間，大部分的人更重視金錢。[27] 但是，他們也發現那些選擇時間的人，即使當其他變數都相同時，「根據統計，平均而言會比選擇金錢的人更快樂，對生活也較滿意」。[28]

　　我很好奇自己社交圈裡的人會怎麼說，所以我進行了一個非正式的（翻譯：在 Facebook 上）民意調查，對象大部分都是年輕的職場女性，我問她們：「你認為最有價值的資源是哪一個？時間還是金錢？為什麼？」有 90.2%的人都說是時間，9.8%的人說是金錢。

　　並不是所有人在一開始的時候都能選擇時間 vs. 金錢。結構性的貧窮迫使許多人會願意多值幾個班、工作時間愈長愈好，並且傾盡全力賺錢，如此才能溫飽。事實上，甚至不需處於貧窮中，就已經是這樣子了；這種情形也正在衝擊著中產階級，若是不多花一點時間工作，可能就意味著付不出帳單。

　　吉利安在回答我的民調時，做出了這個重要的劃分：「這有一個愉悅的中間值：一旦你的工資足以養活自己和家人，時間就變成是比較有價值的那個資源。」另一個回應者

莎曼莎，大致描述了一下自己是如何掙扎著想達到收支平
衡，她說：「我選擇金錢，對現在的我來說金錢太珍貴了，
我無法不這麼選，即便我真的希望情況不是這樣。」

有些人的確可以在時間和金錢之間做選擇，即便有更多
人認為自己沒有選擇，但事實上，這是意願的問題。我們大
部分人都覺得自己的時間不夠用（我就是，而且每天都這樣
想！）或是錢不夠用，但我們需要做的，其實就只是做好時
間管理和金錢管理。我們擁有選擇，可以犧牲一些東西，好
釋出更多的時間或是金錢，而我們必須認知到這一點。對，
這就是一種犧牲，但是只要夠有決心，我們是做得到的。

各位女士、各位先生，你最有價值的資源是你的時間。

你永遠可以賺到更多的錢，但你無法賺到更多的時間。
生在這個地球上，有一種資源天生就是有限的：時間。我們
的大限之日終將到來，沒有人可以暫停時間，**每個人的時間
都是有代價的，而我們所花費的每一分鐘，永遠無法「倒
帶」**。

然而，金錢就不一樣了，總是有機會可以賺到更多錢。
你花掉的每一塊錢都是**可被替代的**，你也可以再把那一塊錢
賺回來。如果你的時間充裕，你可以去賺更多的錢，但不管
你有多少錢，都無法賺到更多的時間。

時間是一個很好的平衡裝置，華倫・巴菲特（Warren Buffett）擁有的時間不比你我多。在時間方面——在「生命」方面，我們都是平等的。時間是最有價值的資源，這是個很重要的概念，我要向你提出一個挑戰，每天提醒自己這件事情，如果你理解這一點，就會懂得被動收入的絕妙之處了。

 ## 精打細算地使用時間

當我提到那些精打細算到極致的人，你想到的可能會是小房子運動或是極簡主義，這兩項活動都是消費者精打細算度日，以達成財務自由的例子。

節儉度日的意思是，你在使用資源時相當節省。注意，我說的是「資源」，並不是金錢。我們不只應該把注意力放在省錢上，更要聚焦在精打細算地使用時間。

如果我們已經建立了共識，認為時間比金錢更有價值，那為什麼我們不按照這樣的價值觀行事呢？精打細算很好，但不是用在以時間換取金錢的時候。為何有那麼多人願意開20 分鐘的車，只為了用每加侖便宜 0.1 美元的價格加油？為

什麼會有人花 30 分鐘找折價券，好讓自己在店裡可以省下
1.5 美元？

　　在做出這些選擇的時候，我們總是在「付出」些什麼。
你付出的不是時間，就是金錢。我的意思並非不要買便宜的
汽油或是不要用折價券，而是如果一項活動**不值得**你所花費
的時間，就不要去做。

　　那你的時間值多少呢？你每個小時賺 10 美元嗎？還是
20、30、40 美元？來算算你的時間值多少錢吧！你必須確
認來自各種管道的總收入，以及總共花了多少時間來賺到這
些錢，藉此算出你每小時的實際工資是多少。

　　首先，計算自己每週在工作上投資了多少時間。要確定
你把所有工時都算進去了，包含正職工作、副業、兼職等等
所花費的時間。加總你每週花在工作賺錢上的時間，寫下這
個數字。

　　接下來，計算一下你每週的總收入，包含所有工作和副
業的收入，寫下來。

　　把你的總收入除以花費的總時數，以算出每小時的工
資。這個數字代表著你的時間值多少錢。

　　我認識一些人，他們每小時價值 30 美元，卻會浪費 1
小時開車去三間不同的雜貨店，只為了買到最便宜的東西，

而且只為了省下 10 美元，這很不合理，但大家老是這麼做。即便是那些深信自身時間比金錢更重要的人，他們所做出的選擇和生活方式，也與他們的價值觀背道而馳；這些選擇可能不是有意為之，因為現在我還是會發現自己做了同樣的事。這種事口頭上說說，比起實際去做要容易得多。

不管是否意識到自己的行為，人們常常會做出這樣的選擇，原因是還沒計算出自己的時間值多少錢。為了讓自己可以決定要省錢還是省時間，我們在此必須使用同樣的「貨幣」，把兩個選項都用美元來計價，結果就會變得很明顯。

舉例來說，假設你正在做自己婚禮的請帖，你已經準備好所有東西了，現在只需要把這些東西塞進信封裡，然後寄出去。你估計這件事需要花 4 小時來做，現在有個替代方案，就是你的姪子提議要替你做這件事，只要你給他 50 美元。你該怎麼做呢？

首先，計算出你的時間值多少錢。假設你每週全職工作 40 小時，可以賺 700 美元，再加上遛狗的兼差，這大概要花 3 小時，可以賺 100 美元。加總起來，你每週工作 43 小時，賺了 800 美元，因此每小時大約賺 18.6 美元。

再來，計算完成這些請帖所需的時間，如果這要花你 4 小時，那麼你「付出」的成本就是 4 x 18.6 = 74.4 美元。

最後，選擇比較便宜的那個方案。你可以花 74.4 美元，利用自己的時間來做，或是付給你姪子 50 美元，讓他做。很顯然，僱用你的姪子，你要「付出」的成本比較低。

但是，你應該也知道，把生活中的每件事情都外包給別人，好讓自己坐在沙發上盯著牆壁發愣，不管怎麼想都是很不合理的事。如果你這麼做，會很傷荷包，而且，如果你只是用那 4 小時來看 Netflix，那你就跟上述這個請帖的例子不一樣，你並不是在「省」錢。你必須用**機會成本**的方式去想：如果你有多餘的時間，卻沒有賺到更多的錢，那麼自己動手寄請帖，或許確實是最有效率地運用資源的方法。重點是，要在充分了解後，再理性決定你運用時間和金錢的方式。嘿！通盤了解狀況是一件很酷的事。

如果節省時間對你來說很重要，下次遇到時間 vs. 金錢的取捨時，就可以用這個方法來幫助自己做決定。

我們已經討論過，我們的時間比我們所擁有的金錢更為重要，不僅如此，我們現在還擁有一個絕對會成功的方法，可以確定我們是以自己的價值為根據在過生活。

工作外包

前述婚禮請帖的情境只是外包的一個例子。回到 2017 年，當安德魯和我夜以繼日地努力，每週工作 70 小時，那時我急需騰出更多時間來，最後我終於頓悟了：應該要盡可能把事情外包出去。

第一個念頭：「我們可以僱用清潔人員和園藝設計師！」

再想想之後：「瑞秋，妳怎麼可以這樣！妳應該要對自己的錢負起責任，那些東西不是太奢侈了嗎？那些事情都可以自己做，為什麼要把自己賺來的辛苦錢付給別人呢？」

繼續想想之後：「嗯，等等，每週只要 65 美元，就會有人把整個房子打掃乾淨，讓我在週末可以省下好幾個小時，我自己的 4 小時值 200 美元啊！這完全不用考慮……我之前都在幹嘛？」

於是，我們試著把所有事情都外包出去，並且一直問自己這個問題：「我們還能如何用錢去換時間？」

但那還不夠，我們兩者都想要。我們想要更多金錢，也想要更多時間。

正解：被動收入

　　本章的開頭，我提出了一個問題：「我們最有價值的資源是哪一個？時間還是金錢？」但是，如果你根本不需要做選擇呢？如果你可以擁有兩者，還可以擁有更多呢？

　　你必須找到一個方法，製造出一個自給自足的收入現金流，意思是你不用工作就可以賺到錢。你可以自由自在，把時間花在任何你高興的地方，再也不必用時間來換取金錢。這麼做有兩個好處：第一，你不必每週花 40 ～ 50 小時工作；第二，你本人不用真的到辦公室或是小隔間裡，你可以同時享有時間上的自由與人身上的自由。

　　朋友們，這就是被動收入的基本假設，或者可以說是：不需要花力氣，或是只需很少的力氣來維持收入。**想要自由，被動收入就是關鍵。**被動收入可以讓我們有自由的時間，也可以擁有人身自由，不會因為一定得出現在工作地點而被綁住，還可以讓我們的生活擁有財務自由，不須再仰賴僱主來過活。

　　被動收入會切斷時間和金錢之間的關聯性。

　　如果你的被動收入超過你的支出，那麼你就等於退休了。#贏了。

做做退休的白日夢

你要允許自己多一些幻想，即便退休有字面上的定義，但對你個人而言一定有更深層的意義。對，你再也不用辛辛苦苦地工作了，但你會做些什麼呢？你想過了嗎？從工作狂變成每天有 16 小時的自由時間是個相當劇烈的轉變，有些退休人士最後一點也不喜歡退休生活，他們覺得很無聊，或是覺得自己的人生再也沒有目標了，再不然就是覺得自己對世界沒有貢獻。沒有人會想要在退休之後，成天穿著睡衣、坐在家裡玩自己的手指。（我的意思是，就這樣像樹懶一樣、動也不動，過個二週可能還滿不錯的，算我一份！）

你必須用某種方法填滿你的時間，現在就好好思考這件事，這不只會讓你更有達成退休的熱忱和決心，還會消除這一路上你可能會產生的任何恐懼。擁有一份計畫至為關鍵。

理想上來說，你會用一些讓你感到滿足的事情來填滿你的時間。對於不同的人來說，帶來滿足的事情也有所不同，所以也沒有什麼正確或是錯誤答案。你可能已經知道什麼事情會讓你感到滿足；對我來說，教導大家金錢管理和被動收入的觀念、寫作、創業和旅行都是令我滿足的事情。對其他人來說，可能會是養育孩子、當志工、當教練，或甚至是特

定的目標：推廣氣候變遷的訊息、教育大家 iPhone 對孩子來說會有上癮效果，或是禁止塑膠吸管。只要你想像得到，一切都是有可能的。

　　如果你不知道什麼事情會讓你感到滿足，那麼想想下列這些問題：

- 如果錢不存在於這個世界上，你會把時間花在什麼事情上？
- 如果你只剩一年的壽命，你會做些什麼？
- 如果你中了 2,000 萬美元的樂透，你想做的第一件事情是什麼？接下來呢？

04 被動收入與 SCRIMP 五要素

首先，親愛的同學們，我們先來上一堂單字課。為了本書的方便起見，我把所有的收入都分成兩種：主動和被動。但要記得，美國國稅局（Internal Revenue Service, IRS）區分了不同的收入種類，每一種的徵稅規則都有所不同，請不要用我下方的定義來報稅。

主動收入：首先，你一定賺過主動收入，這是你用工作掙來的錢──用時間來換金錢（噁）。主動收入是絕大多數人唯一或是主要的收入來源，我們提供自己的勞動力與服務來換取一張張鈔票。你可能是獨立承包人員或是員工，以此賺取主動收入。

主動收入的稅率是最高的，2019 年的邊際稅率（marginal tax rate）超級高，可以高達 37％。意思就是，你的收入水準到達某個程度之後，每賺 100 元，政府就會拿走 37 元，

你只剩下 63 元。但這還沒完；主動收入還需繳納其他稅金，像是社會安全金和醫療保險。

被動收入：美國國稅局認為被動收入包含了租金收入以及任何商業活動，只要賺錢的人本質上並未親自從事這些活動就算數。被動收入是課稅最少的一種收入。

除此之外，在本書裡，我把投資組合收入也歸類為一種被動收入，但國稅局則是把這項收入獨立出來，並且徵收不同的稅。投資組合收入目前的稅率依然未超過 20％，比任何一種主動收入都少。

快速複習一下：主動收入是你工作賺來的錢，而被動收入則是你做極少的工作或是完全不工作就賺到的錢。

 ## 被動收入的種類

在做了很多的腦力激盪和試算表之後，我很自豪地定義出被動收入的五個類別，分別是（請下音樂！）：

- 授權金收入
- 投資組合收入

- 投幣式機器收入

- 廣告和電子商務收入

- 租金收入

在詳細說明怎麼做之前（請保持耐心），我會針對被動收入的每個類別提供簡短概述和例子。

首先，**授權金**。第一種授權金是使用藝術和文學作品的費用，像是著作權、商標和專利。這種類型的授權收入，其中一個例子就是史蒂芬・金（Stephen King），他用他的小說著作來賺錢。每次只要有人購買了他的書（著作權屬於他），他就會收到版稅。再來是商標，商標保護了品牌名與品牌標誌。想想你最喜歡的足球隊，你有沒有任何上面印了那個足球隊標誌、吉祥物或是隊名的商品？你在買那頂帽子或是那件襯衫、球衣的同時，那支足球隊的商標所有人就會收到授權金。最後，專利會保護新發行和新設計。1902 年，有位女士叫做瑪麗・安德森（Mary Anderson），她是個狠角色，申請了史上第一項雨刷專利（她甚至不會開車），她的發明受到保護，因此沒有人可以抄襲她的設計，所以她可以獨家製造並販售。[29]

另一種授權金跟礦業權有關。若你擁有礦業權，就有資

格開採並製造自然資源，像是石油、天然氣和煤炭。礦業權
被釋出的時候，就會產生授權金，承租人會支付使用權的費
用給礦業權擁有人。

投資組合收入，美國國稅局認為這既不是主動收入、也
不是被動收入，但是，既然這筆收入來源只需要極少量的工
作、甚至完全不用工作，那麼在我的書裡，還是符合被動收
入的定義。投資組合的收入來自利息、股利，以及投資。

關於**投幣式機器**的收入，有一些不同類型的機器，然後
最終的使用者會付費使用。想想看自動販賣機、自動櫃員機
（ATM）、遊戲機台，還有自助洗衣店。

接著是**廣告和電子商務**。你可以從廣告獲得收入，也可
以參加聯盟行銷，或是利用直運的方式來被動地販賣商品。

租金收入可以分成間接和直接的。你可以透過不動產投
資信託（Real Estate Investment Trust, REIT）來間接賺錢，
我們在投資組合收入的部分會介紹這一項。或者，你可以直
接擁有一棟房產、房間或是儲藏空間，然後將它租出去。

被動收入「是什麼」？

好，我們把這件事情搞定吧！因為我知道你們有些人現在正這麼想：「這些方法一點都不被動！產生版權金的創作需要時間來行銷；租客也需要花時間來管理，而且還要花時間來招租、填滿空房。」

關於被動收入究竟是什麼，我絕非要誤導或是慎重承諾你，所以，朋友，你說得沒錯，**每一項**被動收入的現金流一開始都需要紮紮實實地投入時間或資本，而且，如果我說在這之後，你什麼都不用做，它們就會神奇地產出現金的話，那我就不夠誠實了。然而，一旦這個金流被開創出來並開始流動，你只需要用最少量的工作就可以維繫這個金流。準備收錢吧！

被動收入有兩個階段，第一階段是由時間、工作或金錢所組成，你需要這些東西來打造收入現金流。不要搞錯了，這些都是紮紮實實的工作，第一階段不是那個「神奇」的部分。舉例來說，如果你決定要製作並發布一套線上課程，那麼第一階段就包括推出這個課程的所有前置時間，包含寫作、編輯、錄影、上線、行銷等等。

第二階段才會開始變得被動。在你製作、打造或是啟動

了一項被動收入現金流之後，即便不能百分之百放手，你手上的工作也會少掉很多。如果是一套線上課程，或許你每週需要花幾個小時來做行銷活動以維護這份收入；或者，你可以連這個都外包出去，讓工作量變成每個月大約花幾個小時就好了。跟一輩子朝九晚五、每週工作 40 小時比起來，**「維護」**被動收入所需的工作量很低，甚至是零，但它不是完全不用工作或是極少量的工作就可以**「打造」**出來的。還記得我之前提過，我在那兩年間是多努力工作來打造被動收入嗎？我紮紮實實地投入了時間，好讓這些現金流就位，然後我退休了。

在第一階段，你可能會花費 10 個月、12 個月，甚至是 20 個月的時間來打造被動收入的現金流。在它啟動、進入第二階段之後，你只需要投入最低的工作量來維護這筆收入，讓錢不斷滾進來。

我們在本書討論到被動收入的時候，說的是「第二階段」。也就是長期來說，你需要做哪些維護。換句話說，被動收入的意思是：一旦啟動它之後，你需要花多少力氣來維護？

用出租型的房產來當另一個例子好了，除非你有一位房地產經理人，出租型房產才會變得被動，但即便如此，你還

是需要管理你的房地產經理人（我不認為我們之中會有人想要辭職當全職房東）。當然，如果你沒有任何的租客流動，你也可以每月花幾個小時，自己管理這一處房產，但若是要接近真正被動的狀態，相信我，你會想要有一位房地產經理人。我會在本書第 6 篇的租金收入談談該怎麼做。

　　我們討論的每個類別都能穩穩當當地歸類為被動收入。**與其每週主動工作 40 小時，你只要每週或是每月投入幾個小時，就可以維護被動收入的現金流**。不僅如此，你一直都有一個選項：把維護的工作外包出去，讓這個收入變得更被動；但這就看你自己了。

 ## 被動收入「不是什麼」？

　　被動收入跟多層次傳銷無關，本書不會提到多層次傳銷。毫無疑問地，多層次傳銷屬於主動收入的類別，那是一種業務工作、一種招募工作，這些活動一點都不被動。

　　被動收入不是一夜致富的詭計，那種東西並不存在。如果你知道有什麼東西這麼神奇、不需要任何紮紮實實的時間或是資本的投入，就可以生出錢來，我洗耳恭聽。我知道我

們都想要簡單的答案（至少我很想要），如果要說我在人生中學到什麼，那就是——沒有什麼東西是免費的。若我剩下兩個選擇，一個是花些時間打造被動收入的現金流，好讓自己可以快速達到財務自由，另一個是接下來的人生中每週花40 小時工作，那我會選擇前者。而你顯然也可以理解為什麼追求後者會比前者更令人興奮，也更令人期待，不然你就不會拿起這本書了！

 ## SCRIMP 五要素

　　跟著我複述一遍：不是每種被動收入都是生來平等且相同的。每個類型都有優點和缺點，算你好運，我已經做好自己的功課，並創造了一套系統來評量和比較不同的被動收入金流。我用了五個要素，稱其為 SCRIMP 五要素。

　　我很喜歡這幾個字彙的首字母拼出的單字，「SCRIMP」的意思是節儉、樸素。一旦你建立了自己的被動收入帝國，就不需要過那種生活了。廢話不多說，這就是 SCRIMP 五要素：

- 擴張性（Scalability）
- 掌控度及限制（Controllability & Regulation）
- 投入資本（Investment）
- 市場性（Marketability）
- 被動性（Passivity）

擴張性：能否同時大量製造或提供？

如果你在當地開設一間廚藝教室，實際可預期的單次報名人數有多少？又或者，你實際一次可以服務多少人？如果有 10,000 人同時出現在你的門口，你必須請大部分的人離開。但如果你提供的是線上廚藝教室呢？現在，這就是另一回事了，報名人數真的可以無上限。這就是擴張性的美妙之處。

掌控度及限制：你對於這項收入的掌控度有多高？

這麼說好了，假設你開始在 Etsy 網站賣數位產品，突然間，Etsy 推行了一項新政策，讓你再也不能賣這種產品了。我的朋友，你就慘了，這很糟。我常聽到 Facebook 或是 Instagram 改變演算法時，網紅或是以社群媒體為基礎的公司就會受到打擊。你的被動收入不能被你無法掌控的事情所限制，這一點是很重要的。

投入資本：第一階段你要投入哪些時間或是金錢？

被動收入不是什麼可以輕鬆上手的金錢遊戲，打造被動收入金流需要時間或金錢，有時候還兩者都要。你可能要花時間才能獲得自由時間，很諷刺吧！要知道，你不可能手指一彈，突然之間每個月就有 500 美元的產出。寫書得花時間、購買自助洗衣機得花錢。我在列出每一個被動收入想法的同時，也會清楚表達前期的投資是什麼──不管是好幾個月的時間、好幾千或是好幾萬元，或是兩者的結合。我也會幫你找方法，讓你可以騰出一些自由的時間和金錢，並且可以立即著手進行。

市場性：市場上有需求嗎？

在一棟已經有好幾台零食販賣機的辦公大樓內，再設置一台零食販賣機是不會太成功的；但若是在急需租用型住宿空間的城市裡，購買一處出租型房產，這麼做很可能就行得通。在追求被動收入金流之前，要確定從供需的觀點來看是否合理。快速複習一下大學的經濟學原理：如果供過於求，那麼當市場過於飽和，也就不需要提供更多該項商品或服務；如果供不應求，那麼就有市場需求。很抱歉，我得打破你的幻想，但是不管你對什麼東西充滿熱忱，如果沒有市場性，那你是無法養活自己的。

被動性：到了第二階段的時候，你要做多少工作才能維護這個收入流？

購買會分股息的股票，每年瞄上一眼，跟經營遊戲機台所需的工作量是完全不同的。有些被動收入現金流啟動之後，需要投入的比較多；而有些則只需要較低度的維護工作。別誤會，這些收入都很被動，但就算是在被動收入的類別裡，還是有程度上的不同。

 ## 我送給你的一份禮物

各位，本書的原始版本「超級長」，有很多該知道的資訊、有太多我可以回答的問題了！但我得要拿掉一部分，這樣才可以給你一本幾百頁的書作為替代，我濃縮了一些必知的資源，讓你可以**免費下載**！可別說我對你不好。

你的加碼禮物裡有一些關鍵（且免費）的附加資訊，包括：

- 在創造被動收入的現金流時，應該要避免的三個致命錯誤。

- 一份客製化的簡單表格，協助你決定自己應該先追求哪一種被動收入現金流。
- 一份時程表，讓你可以追蹤進度、激發你的動力，現在就開始行動。

還有更多好康！我建議你現在就去 www.moneyhoneyrachel.com/bonus 下載，免得你轉頭就忘了。如此一來，你可以在閱讀本書的同時參考這些資料。

現在，你有了本書的骨架：你知道被動收入是什麼，以及其絕妙之處了。

我們準備來看看書中「肉」的部分了！接下來的五個部分，每一部分都會分別聚焦在不同種類的被動收入，而在每個類別裡，創造被動收入的點子都多到不行。當你在閱讀時，如果你已經知道自己沒興趣去追求某種特定的被動收入，就可以直接跳到下一個章節或是下一個部分。

我是按照「找到一些自己擅長的事情然後稱霸」的策略在行動，而不是依據「每種東西都試試看」的策略。這個決定是因為這種心態本身有點問題，同時也因為我只有一個人，所以無法在「每一種」被動收入裡的「每一個」創造被動收入金流的點子上，都擁有個人經驗，請把這一點記在心

裡。若是我曾成功做到的事，我會依自己的經驗來敘述，其他時候，我則會研究及訪問該領域真正的專家。

我們會從授權金收入開始：授權金是什麼、為什麼要有授權金收入，以及該怎麼做。讓我們開始吧！

第 **2** 篇

授權金收入

05　何謂授權金收入

 授權金是什麼

授權金收入的來源和多寡各有不同，可以分成兩種主要的類別。第一種是版權收入，這份收入來自於允許別人觀看或使用你的文學或藝術作品；第二種則是別人使用你的礦產或土地的使用費。我們會先聚焦在第一種。

你可以透過專利、著作權和商標來賺取版權金，你身邊現在就圍繞著許多需支付授權金的產品。你在車上都聽什麼音樂？當音樂被下載的時候，音樂家就會賺到錢，他們可以從 Apple Music 和 Spotify 的串流服務中賺取授權金。你最近讀了什麼書呢？對作家來說，紙本書、電子書和有聲書就是授權金收益來源。你最近穿過或用過上面有圖案設計的物品嗎？想想看馬克杯、T恤、筆、手機殼、托特包等等，這還只是少數幾個例子而已。只要一個產品上有著藝術家與平面設計師的設計作品，那麼只要這個產品賣出一件，他們就

可以賺到授權金收入；這種收入的可能性是無限的。

我還可以繼續說下去，照片、軟體、手機 APP、加盟、線上課程、數位產品銷售，還有其他任何形式的內容或是創意作品，都能賺取授權金收入。有一個可以用來思考這件事情的簡單方法，你只要問自己：「有沒有什麼東西是我可以創造一次，接下來就能不停販售，直到永遠的？」

創造出能產生授權金收入的金流需要想法、創意和行銷，這三個不同的面向，我都會教你，即便你覺得自己不是這塊料，相信我：每個人都做得到！**身為一位創作者，授權金將是最有成就感的被動收入金流，因為你在創造一些可以滿足市場需求的東西。**

在這個部分中，我們會探討九種不同類型的授權金收入，我會一一解釋這些是什麼，以及究竟要如何創造出來；我個人生產了其中兩項。我會跟你分享所有你需要知道的事情。

 ## 為什麼要有授權金收入

為什麼授權金是一種**棒透了**的被動收入呢？我們來看看

SCRIMP 五要素：

擴張性：高。這類可賺取授權金收入的品項，其中有很多都能在線上販賣，因此可以肯定地說擴張性滿高的。在線上提供你的產品，就可以觸及好幾萬人。

掌控度及限制：低。想想本書到目前為止提過的那些想法：音樂、書籍、照片、設計、軟體、線上課程、加盟等等。創作者一般透過在平台上販賣這些東西來賺取授權金收入，像是 iTunes、亞馬遜（Amazon）、APP 商店或是 Teachable 線上課程。意思是你會受到該平台的規範限制，包括你是如何、何時、在哪裡銷售你的產品。缺乏掌控是授權金收入唯一的缺點。

投入資本：大量的時間。**「任何」藝術或是創意作品都需要花費時間來創作**，我的意思是，喬治・馬汀（George R. R. Martin）從 90 年代開始就在寫《冰與火之歌》（*Game of Thrones*），而且至今「尚未」完成。授權金收入最需要的，就是事前的時間投入，至於金錢方面，在那個為你帶來授權金收入的作品上，你想投入多少錢就投入多少錢，這樣就可以了。有些人會表示，要出一本書或是一套課程就必須投入金錢，我不同意這一點。我出版第一本書《讓可愛的錢自動滾進來》時，只花了不到 600 美元，而且，如果我願意

的話，甚至有辦法做到零支出。我知道很多人單純只用智慧資本就發表了一個產品或是服務，而沒有動用到他們的財務資本。在授權金的金流裡，你要投入多少錢都可以，這就是你自己的選擇了。

市場性：這不一定。你的產品有市場嗎？你得要做一些研究，來判斷你的點子有沒有價值。可能有人會表示，沒有人有興趣花錢買你錄製的木琴音樂，因為，必須不客氣地說，沒有人知道你是誰，而且更重要的是，誰會想聽一首長達 55 分鐘的木琴音樂啊？我敢說這一定只有極小的市場。或許你想寫一本關於加密貨幣的電子書，太好了！市面上已經有數以千計關於加密貨幣的資源。那你要怎麼讓你的書脫穎而出？你可以研究一下市場，評估你想出來的每個產品構想，我之後會告訴你該怎麼做。

被動性：彈性很大；潛在的被動性很高。在第一階段結束之後，當你已經完成創作並發表了產品，維持授權金收入的工作量會有所不同。先用書來舉例好了，即便在我出書之後，還是需要一定程度的行銷與社群網站的宣傳。我必須確保我的書持續曝光，這樣才會有人繼續購買，我的收入金流才不會愈來愈少，終至乾涸。這些事情我可以自己來，每週花幾個小時工作，或是我可以付錢給某個人，然後把這項工

作外包給他去做。這個故事的主旨是：如果你想要打造一個真正的被動性金流，打從最一開始，就要計劃好僱用某個人來替你做這個持續性的工作。

 ## 如何打造授權金收入

授權金收入流的類別非常龐大，我必須逐項依序解釋。我會聚焦在下列這些項目，以下都是授權金收入領域的明星項目：

- 紙本書和電子書
- 音樂
- 照片
- 開放下載的內容
- 隨需印刷
- 線上課程
- 軟體或是 APP 開發
- 加盟
- 礦業權

　　我知道你現在興致高昂地想了解這九項授權金收入，但是，關於會帶來授權金收入的產品，如果有哪件事情是我非常確定的，那就是你的點子必須非常厲害，可以填補市場的需求。要產生被動收入的金流，找到一個有市場性的點子是成功的**關鍵**，因此，很合理的，要從這裡開始學起，先了解如何想出一個會帶來授權金收入的無敵點子。首先，你必須進行腦力激盪；再來，你要研究市場，確認你的點子行不行得通。

 ## 早期階段：腦力激盪

　　想出一個獨一無二的點子可能會是個難關。為什麼大家要買「你的」產品，而不是其他人的？你要這樣想：如果你正在做一套線上課程，教人怎麼鍛鍊下半身的肌肉，那麼你的課程跟其他上千個現有的健身房課程有什麼不同之處？

　　以我自己那本可賺取版稅的書《讓可愛的錢自動滾進來》為例，我會想到這個點子，是因為朋友和家人們經常向我尋求財務方面的建議，而我則有能力用非常簡單的方式解釋給他們聽。我當時剛讀完一本書《瘦婊子》（*Skinny*

Bitch），這本書在純淨飲食（clean eating）的主題中加入了挖苦又具娛樂性的轉折，超級有趣。我當時暗自想著：「如果我以個人理財作為主題，然後按照這個方法做呢？」大部分的財務相關書籍都很無聊、枯燥、複雜或讓人望而卻步。「我要怎麼讓這個主題在我這個族群中，變得比較平易近人呢？」我對自己問了這個問題。就這樣，寫出一本犀利、幽默版本的財務管理書籍的想法成形了，這就是我獨一無二的切入點。

　　這不是件簡單的事，我可是花了幾個月的時間才想出這個點子，大部分的時候，我甚至不是有意識地在思考這件事。若要創造出夠好、會讓大家想購買的東西，你需要發揮你的長處。如果你這輩子沒碰過任何樂器，那你可能不應該販售樂理相關的課程。如果你不是個綠手指，那麼寫一本園藝 DIY 的書可能也不是個好選擇。你了解這個概念了嗎？

　　因此，要開啟你的事業的第一件事是腦力激盪。拿一隻筆和幾張紙（對，請真的這麼做），然後根據你對下列問題的回答，畫一張氣泡圖出來。

　　你對什麼事情充滿熱忱？你可以列舉出一些活動、主題、人、物品——什麼都可以，天馬行空一點，愈天馬行空愈好，不要有所保留。你的興趣和熱情在哪裡？有哪些事是

你真的很擅長的？其他人會找你幫忙做什麼事？別人會向你尋求什麼建議？你參與過哪些活動、運動項目或是社團？如果你登上 TED 演講，你會選擇哪方面的主題？是什麼讓你如此獨一無二？你有什麼專長是大部分人都沒有的？你去過哪些別人沒去過的地方？你做過或是有過什麼別人沒有的成就？

　　然後，在這些東西裡，你要如何加入一個獨到的轉折之處，讓你可以提供一些市場上目前沒有的東西呢？

 ## 市場研究

　　現在你有一大堆獨特的點子了，是時候該進行全面性的市場研究來確認這些想法的可行性，其中包括了解大家是否真的會購買你的作品，以及是否有相應的需求。你可以從朋友和家人開始，跟他們聊聊，但你一定要對他們的偏差性有所認知；在乎你的人常常會對你表示鼓勵和支持，即便他們本人其實不會購買你的創作。獲得他們的回饋是件好事，但是不要完全相信。

　　首先，利用社群媒體來做市場調查。Facebook 社團是

個好地方，可以跟全世界的人一起討論。你可以加入一些跟你的點子有關的社團，在裡面問問題或是做民調，並取得一些回饋。重點不是在推銷你自己，而是真正去研究市場。

　　你可以在線上製作免費問卷，並發送給你認識的人填。我大力推薦 SurveyMonkey，用這個網站建立問卷是免費的，而且只需要用電子郵件寄出連結或是放上社群媒體，請大家回應就可以了。問卷要簡潔明暸，大家才不用花太多時間在這上面。

　　等你得到一些回饋之後，將你的點子刪減到剩下少數幾個，就是時候來研究一下你想要上架產品的平台了。如果是書的話，可能會是亞馬遜；線上課程的話，可能會是 Udemy；音樂的話，則有 iTunes。以下是在亞馬遜發表新書的例子，但你可以把這種研究複製到其他任何一種會產生授權金收入的現有平台。

　　亞馬遜有一個特定的排行榜系統，讓你可以對於自己想要寫成書的構想進行研究。舉例來說，若你想要寫一本關於狗狗營養健康的書，你可以在亞馬遜網站進入「書籍」的類別，然後在搜尋列輸入「狗的飲食」（diets for dogs），以這個例子而言，你會獲得超過 2,000 筆結果，那些就是你的競爭對手。亞馬遜目前有超過 2,000 本書與這個主題相關，

你要問自己的第一個問題是：「我可以寫出在這個類別裡名列前 1% 的書嗎？」因為只有這樣，你才會出現在搜尋結果的前兩頁上。

搜到結果之後，點擊進入書籍頁面，往下拉到「產品詳細資訊」的部分，就可以得知這本書的銷售排行資訊。亞馬遜最重要的就是排行榜，那是一組演算法，每小時都會隨著銷售狀況、評價、搜尋次數，以及其他我們這些普通人永遠不會知道的東西而有所變化。排名愈前面愈好，在暢銷榜上排名第一就再好不過了。

我現在正在用關鍵字「狗的飲食」來搜尋，並點開了最前面幾筆的搜尋結果。有一本書在整體銷售排行榜裡名列第 406,794 名；另一本是第 482,800 名；另一本是第 423,212 名；還有一本是第 52,054 名。我想寫出的，是可以像這樣獲得迴響，並且名列亞馬遜前 100,000 名的書籍。我在寫作的這個當下，《讓可愛的錢自動滾進來》排行是第 27,241 名。

以這個排進前 100,000 名的目標為基礎來看，「狗的飲食」的前三筆搜尋結果，前景看起來並不是太好。排名第 52,054 名的那本書似乎相當與眾不同，因此可以研究看看為什麼它拿到比較好的名次。但大致上來說，有鑒於這樣的名次，這個主題似乎不是太熱銷，原因可能有幾個：這個主題

太模糊了，或是市場沒有這樣的需求，又或者是一些完全不同的原因。

　　現在換一下，如果輸入的關鍵詞是「拉布拉多犬的飲食」，會得到哪些搜尋結果呢？你的工作就是持續研究亞馬遜，直到你充分了解在書籍類別裡是什麼樣的情況。當你用一組關鍵字去搜尋，發現搜到的書籍排名都不高，那代表的意思是用這個主題出書沒有市場性，或者只是在這個主題上，現有的書都寫得很爛？這個研究絕對不會是非黑即白的，所以你需要以演繹推理的方式，來決定市場上是否有需求，以及你是否有辦法投入競爭。關於如何進行亞馬遜研究，若想了解更多，我推薦這篇文章：www.locationrebel.com/book-niches。

　　並非所有平台都像亞馬遜一樣有公開的排行榜，但還是有許多其他需要考量的資訊：

- 作品的發表時間。你搜尋到的結果是不是已經過時，或者是最近幾個月的內容？為什麼？
- 內容導向的作品長度。在該類別下，較短或是較長的書籍、課程或歌曲，哪種賣得比較好？
- 再說一次，該類別內搜尋到的結果數量。如果搜尋到

的結果只有 8 筆，比起 10,000 筆以上結果的類別，競爭就沒那麼激烈。

- 評價。這本書好在哪裡？壞在哪裡？大家為什麼喜歡這本書？為什麼不喜歡？大家是不是反覆抱怨著同樣的內容呢？如果是，是否意味著有需求，但尚未被滿足呢？你可以填補這個需求嗎？

- 價格。你的競爭對手定價超過 100 美元嗎？還是低於 10 美元？你找得到任何規律性嗎？若要跟其他作品競爭的話，合理的定價會是多少？

你可以花好幾個小時在這件事情上，我也鼓勵你這麼做。畢竟現在岌岌可危的可是**你的**時間和**你的**金錢，而你必須確保自己創作的東西是有市場的，同時也要知道自己到底要跟什麼東西競爭。

接下來，我們會針對每一種能帶來授權金收入的作品進行討論，我們會一一談談它們有多被動，以及你該如何開始進行，也會說明具體的行動和步驟。首先，讓我們從紙本書和電子書開始。

06 如何出版紙本書和電子書

　　每次只要有人買你的書，你就會獲得版稅收入。舉例來說，每次只要有人買了一本《暮光之城》（*Twilight*）（對了，這本書精裝版的零售價是 22.99 美元），作者史蒂芬妮・梅爾（Stephenie Meyer）就會收到這筆收入中的一定比例作為版稅。我們不會知道她一本書的版稅是多少錢，因為這要看她跟出版社之間的合約。

　　為了讓事情變得比較好玩，讓我們先假設每賣出一本精裝書，史蒂芬妮就可以賺 2 美元，這大概是定價的 9％。如果每賣出 10 本精裝書，她就可以拿到 20 美元；那麼賣 100 本，則可以賺 200 美元；1,000 本的話，是 2,000 美元，你大概知道情況是怎麼樣了。但是，史蒂芬妮不只出了精裝版的《暮光之城》，還有平裝版、電子書和有聲書，依據銷售量和版稅的成數，你現在可以理解知名作家為什麼每個月可

以有 10,000 或 20,000 美元入帳了。沒錯、沒錯，這很可能是一本超級暢銷書才會有的數字，但想想看，寫出一本普通成功的書，然後每月賺個 1,500 美元；接著複製這個過程，再寫下一本。那麼你只需要幾本書，就可以創造出一個相當可觀的被動收入金流了。

 ## 我的親身經驗

目前，我每個月超過 10,000 美元的被動收入是由這三項所組成：租金收入、書的版稅，以及隨需印刷的授權金。

你手上這本，是我出的第二本書。我的第一本書《讓可愛的錢自動滾進來》當時和現在都很熱銷，曾經數次登上亞馬遜財金類的暢銷書排行榜，有超過 600 筆的五星評價，而且下載和購買次數已經超過 10,000 次了。

我剛開始寫第一本書的時候，從來沒將它算入我的被動收入計畫和目標裡，這是一項出於我個人熱情所開始的計畫。我出版這本書的唯一理由，是因為我相信哪怕只是幫到一個人，都會很值得。撰寫這本書從來就不是為了錢，而我當初也沒有設定目標、預期要賺到任何錢，因為我不想讓自

己的期待太高，然後落空。

　　但是，現在《讓可愛的錢自動滾進來》帶來了一筆相當高的收入，而我也很幸運，可以用自己喜歡的東西賺到錢，並幫助他人。如果你要走這條路，那我的建議是要有某種金錢以外的動機。

 ## 第一階段和第二階段

　　實際的寫作過程會發生在第一階段，也就是你試圖要打造被動收入金流的時候。這類授權金收入在前置期需要投入時間，你可能要花上好幾個月來完成寫書、出版、上架的過程。你想要的話，也可以投資一些錢，很多人都選擇投入上千元或上萬元來進行新書發表與行銷。我則是選擇把第一本書的成本壓得愈低愈好，一開始的成本不到 600 美元，其中還有一半是付給我的編輯。如果我當初決定要少花一點錢，也是做得到的。無論你在第一階段投入了多少錢，起初的時間投入都是跑不掉的。

　　當你正式發表書籍之後，在第二階段你要花多少時間來維繫，完全取決於你自己。第二階段就是你賺取被動收入

的時候，如果你想讓這份收入變成百分之百的被動，那麼你可以把行銷活動外包出去。但是，還是有些事情只有作者能做，所以如果你不想要錯失這些東西，那你可以讓這份收入保持 90％的被動性，然後每週花幾個小時來做曝光、接受採訪、上 Podcast 節目。你可以根據你想要得到的成果，自己設計任何長期的行銷活動，酷吧！在被動收入的量表上，書籍的版權金絕對是更靠近被動那一邊的。

我們在前面的章節裡談到腦力激盪的重要性，以及對於靠版權來產生金流的被動收入來說，進行市場調查的重要性。對於紙本書和電子書而言，下一步就是規劃大綱並進行寫作。

 ## 書籍大綱與寫作

當你做好市場調查，確認你想寫的主題的市場性之後，就得開始寫東西。嘴上說說總是比實際去做更容易。對於非小說類的作品（我自己的寫作經驗就屬於這一種），我認為最好的辦法就是使用列大綱的技巧。我個人在小說作品方面沒有什麼經驗，但從我研究過的內容來看，這類作品的寫作

技巧依作者而異。有些人是計畫派,有些人則是且戰且走;計畫派的人喜歡列大綱,且戰且走的人則喜歡一邊寫作、一邊決定接下來的發展。

對了,如果你認為自己的寫作能力不夠強,也絕不能讓這一點成為阻擋你的理由。對很多人來說,缺乏自信心是導致駐足不前的潛在原因,但你總是可以尋求一位值得信任的影子寫手來協助,或者直接僱用一位專業影子寫手,幫助你把你的想法和點子變成一本完整的書。

如果你選擇自己動筆,我認為列大綱會讓整個寫作的過程變得比較容易。首先,想想在理論上,你會把這本書分成哪幾個大區塊,然後想想會有哪些章節。不用太有系統,你可以使用列點或是心智圖的方式,或者單純寫下一些文字和短句也可以,盡可能在紙上寫下愈多書籍大意愈好。

最後,把寫在紙上的東西轉換成一個具有整體性的大綱。試想一下:你的書應該要從什麼地方開始?哪些部分應該在前,哪些應該在後?試著將你的想法排出一個合理的先後順序。做完這件事之後,你的書應該就會有一個相當不錯的結構了。

在寫作之前,你可以再努力一些,讓大綱更臻完善,你可以更加深入,加入更多的細節和重點。你補充進去的東西

愈多，寫作起來就會愈容易，因為你已經很清楚接下來該寫些什麼了。

寫作的靈感會來來去去。有時候你一坐下來，就感覺自己可以寫上一整晚，下筆如有神；又有些時候，你坐下來，盯著那個頁面看，二十分鐘只寫了兩個字，然後開始對著牆壁大吼大叫。祕訣在於不要對自己太苛刻，只要有持續寫就好。我在寫《讓可愛的錢自動滾進來》時，一開始十分興奮，很想趕快開始動筆，所以我整個文思泉湧，但漸漸地，這件事變得沒那麼好玩，我覺得自己已經沒有東西可以寫了。各位，作家的靈感障礙是真實存在的！別擔心，只要你持續在寫就行了。好好規劃你的時間，每天都留一些時間來寫作，即便只是十分鐘也沒關係。

等你寫完初稿之後，先稍微緩一緩，給自己一到二週的休息時間，好讓大腦可以從中抽離。給自己一點休息的時間，讓你可以用全新的眼光看待這份稿子。

幾週之後，就能開始你的第一次編輯。將稿件列印出來，從頭到尾讀過一遍，拿支筆做註記，思考看看行文的流暢度、轉折和結構。有沒有哪些東西是多餘的？有哪些內容可以刪掉、讓這本書變得更精彩？哪些東西則需要解釋得更清楚一些？

　　經過這些註記和校訂，你就會得到第二版的稿子，到了這個時候，我建議你去找兩三位跟你很熟的、博學的、文字造詣很高的朋友或家人再做一輪編輯，好讓你的書盡可能完善。

　　現在，你已經知道要怎麼列大綱，以及怎麼寫你的書了。下個步驟會牽涉到決定哪種出版方法最適合你的著作，但是，在我們進到下個步驟之前，先來聽聽昂諾莉·寇德（Honorée Corder）怎麼說。她的著作等身，也成立了一間公司，旨在幫助他人在寫作上取得跟自己一樣的成就。

案例分析：昂諾莉·寇德──作家及寫作執行教練

　　想到要介紹昂諾莉·寇德，我就興奮到不行。昂諾莉·寇德目前是寫作執行教練、TEDx 的講者，也是位相當多產的作家。她與自我成長大師哈爾·埃爾羅德（Hal Elrod）是搭檔，他們想要讓「早晨奇蹟」（Miracle Morning ™）這個系列繼續延伸發展下去，滿不錯的，對吧？透過寫書與出版，昂諾莉協助人們發展出多元的收入金流。她甚至還有一套教練課，叫做「你非寫書不可」（You Must Write a Book），她是

位傳奇性的狠角色。我有機會向她請教關於授權金收入和被動收入的問題，來看看吧。

* * *

我：「從頭講起吧，妳寫作第一本書的原因是什麼呢？」

昂諾莉：「我之所以寫這本書，是因為我聽過「心靈雞湯」（Chicken Soup for the Soul）系列的共同作者馬克·維克多·漢森（Mark Victor Hansen）在一場活動中的演講。活動結束之後，他問我是做什麼的，我說：『我是一位教練兼演講者。』他說：『每個人都是教練跟演講者，所以妳一定要寫一本書。』馬克問我：『妳有沒有做過某個演講主題，是妳一而再、再而三地講，而且大家很喜歡的？』我說：『有。』然後他說：『那就是妳的第一本書了。』這件事發生在 2004 年。」

當時，昂諾莉已經當了多年的企業教練，但她接下來要寫的這本書使她跟別人劃分出了差異，最終更讓她的演講、訓練和指導可以開出更高的價碼。

我：「從頭到尾，妳花了多久時間寫完這本書呢？」

昂諾莉：「我坐在一張椅子上（我的忍耐力非常好），

把演講的內容打成文字稿，這大概花了我 1 小時左右，而整本書花了我 40 個小時來寫，因為我加入了一些例子與參考資料。我的第一本書是《艱鉅的任務》（*Tall Order*），現在已經迎來出版 10 週年的版本了！這本書的第一個版本則依舊鮮為人知，因為我在初版裡犯了所有可能的錯誤：標題很爛，封面很糟，也完全沒做任何編輯。我現在在教的那些東西？我當時一點都不懂要這麼做。」

昂諾莉將這本書的尺寸，策略性地設計成剛好可以放進男士西裝外套胸前的口袋。當她在交際應酬的時候，若是有人跟她索取名片，她就會拿出自己的書。「這常常會讓人眼睛為之一亮」，她說道。

昂諾莉出版了這本書，自己跟印刷廠訂購了 5,000 本（那時候還沒有隨需印刷的平台，也沒有電子書），但這本書都還沒出印刷廠，她就已經賣出 11,000 本了！

昂諾莉：「在剛開始的前三週，我把馬克・維克多・漢森叫我去做的事情都做了一遍。他說：『每天都要做這七件事情來行銷妳的書。』當時，那些事包括聯絡當地報社與電視台、想辦法登上地方雜誌。我打給我所有的客戶和人脈，問了馬克叫我問的那個問題：『你想不想買一本書，訂購量大概介於 10 ～ 100 本之間？』他真的叫我用 10 ～ 100 本的

訂購量來問。但有一點很重要，我是一名商業教練，所以我的客戶都是執行長、營運長、首席市場官這類的人，我知道他們的購買力很強，而其中有些人管理的業務團隊人數高達 3,000 人，因此我的書是整批整批賣的。我接受的最低訂購量是 5、10、15 本書。我只有一張訂購表，是我用 Word 製作的，我用電子郵件把這個表單寄給大家，他們會印出來、填好，然後跟支票一起寄回給我。我沒有做任何新穎、興奮或是性感的事情，就只是一直打電話賺錢、前往拜訪、開口詢問，我就是這樣開始的。三週之內，我賣出 11,000 本書。」

雖然昂諾莉是小批小批地賣，但她跟印刷廠一次就訂購整批 5,000 本。每本書的印刷費是 80 美分，所以她用 4,000 美元訂購了 5,000 本書。這意味著她可以送很多本給別人，依然可以有很好的利潤，而這就是她新書發表的全部成本了。

我：「妳從一開始就很清楚妳想要自助出版嗎？」

昂諾莉：「我來自俄亥俄州，是個在農場長大的女孩。我沒讀過大學、沒上過寫作課，也不認為自己是一名作家，甚至沒想過要搞懂傳統的出版途徑是什麼。在我的想像中，那些拿得到傳統書籍合約的人，都必須要大學畢業，值得、

也擔得起傳統的出版合約。但是，現在我的想法已經完全不同了。」

昂諾莉在發表第一本書時，並未意識到這筆生意會變得多大。這本書讓一切開始轉動起來：她開始在拉斯維加斯的電視台一週上一次節目；數年之內，她的工作邀約從不間斷。在她出版了第一本書的五年之後，生活真的不一樣了。

昂諾莉：「2009 年，有一天我在看《歐普拉秀》（Oprah show），那集在做大改造。我那時已經當了幾年的單親媽媽，節目上也有一位單親媽媽，那個大改造給了我靈感，讓我寫出《單親媽媽成功記》（The Successful Single Mom），它現在已經發展成系列作品，共有 6 本。我稍微有抓到那個熱潮，但也已經有點晚了。」

現在，昂諾莉已經出版超過 50 本書，她幫助別人寫作、出版以及行銷他們的書籍，並且把這些書籍變成六位數的收入流。她還有一套課程，叫做「你非寫書不可的現場教練課」（You Must Write a Book Live Coaching Course），她甚至還有帝國建造智囊團（Empire Builders Mastermind），這個團隊服務的對象，是那些想要建立七位數收入流的帝國的人（而且其中包含至少一項來自書籍的收入流）。

我：「授權金收入真的很被動嗎？或者，有辦法變得被

動嗎？」

昂諾莉：「我認為書籍版稅廣義上來說是被動的，但在狹義上來說並不是。我有一套『你非寫書不可的現場教練課』，在課程裡，我會提到一本書的生命有兩個階段，第一個階段是從你產生寫一本書的想法就開始了，一直到新書發表後的 30 天；第二個階段則是從新書發表開始，直到你死掉的那一天為止。我的期待是真正達到書籍行銷的長尾效應。如果你不餵養這頭野獸的話，野獸就會死。」

我：「那如果請某個人來幫妳行銷，這樣有辦法變成被動的嗎？」

昂諾莉：「有些行銷活動，當事人缺席的話也可以進行，像是找人撰寫並管理廣告之類的。但就像茱莉亞‧羅勃茲（Julia Roberts）演出一部新電影時，她也沒辦法請人幫她上《今日秀》（*The Today Show*）去談談那部新電影一樣，大家想要聽創作者自己說。」

我：「擁有授權金收入，對妳來說有什麼幫助？為妳的人生帶來什麼改變呢？」

昂諾莉：「作為一位單親媽媽，這份收入讓我可以撫養女兒，並且擁有非常好的生活方式。擁有授權金收入讓我擁抱了財務自由，可以去做其他想做的事情，而不會被某件事

困住。我可以去追求那些令人振奮的事情,因為我會有版稅收入。我知道到了明年,我還是會好好的,甚至在明年真的到來之前,我將會因為我的書賺到好幾十萬美金的授權金收入,這讓我有某種程度的安全感。我這麼說並非想要吹噓或是想要顯得魯莽無禮,但如果我做得到(請看看我之前所說的,關於我教育程度不高的那個部分),那麼這對任何人而言,都是做得到的,只要你願意去做;而這就是這項收入的一個小小附加條件。你必須認真且聰明地工作,你也需要持續工作,『一勞永逸』這種事並不存在。如果你可以接受以上每一點,那就太棒了,因為要是你不這麼做的話,另一個方案就是朝九晚五的工作,然而不管在哪個階段,朝九晚五並不被動,一點也不被動。」

　　昂諾莉是一個典範,你可以去看看她的網站 www.honoreecorder.com。如果你有興趣追求這項被動收入流,買一本《你非寫書不可》,同時也可以在社群媒體上追蹤昂諾莉!

Facebook:www.facebook.com/Honoree

Instagram:www.instagram.com/honoree

Twitter:www.twitter.com/Honoree

現在，你已經知道書籍的授權金收入是怎麼運作的，還有該怎麼規劃並撰寫你自己的書，我們已經準備好更深入談談出版細節了。接下來，要選自助出版還是傳統出版，我會把所有你需要知道的事都解釋給你聽。

07 關於出版的那場大辯論：傳統出版和自助出版

 ## 傳統出版 vs. 自助出版

　　讓我們接著談下去，並結束這場大辯論。你應該要找傳統的出版社，還是要自助出版呢？

　　若是找傳統的出版社，就是把書稿的出版權利授權給出版社。作為交換，出版社會為你安排一位編輯，協助你修訂文章，盡可能寫出最佳版本的書稿，好讓這本書可以吸引到更廣大的受眾。一個可能的缺點是，出版社握有最終的決定權，包括從內容到封面等等的決定權。另一個可能會出現的難題是，為了讓自己的書可以由一間聲譽良好的出版社出版，作家通常會需要一名經紀人代表自己去談判和協商，而作為交換，需要拿出書籍銷售額的一定百分比支付給經紀人。正如同你想像的那樣，要找到一名聲譽良好且值得信賴

的經紀人，把你的書帶到一間好出版社的編輯面前，這並非易事。

跟出版社合作，意味著要放棄一部分的營收。如果是傳統的出版模式，作者拿 8 ～ 15% 的版稅收入，是相當常見的比例。如果你的紙本平裝書價格是 15 美元，每賣出一本，你可能只能賺到 1.5 美元。

跟普遍的認知不同，即便你拿到出版合約，你還是得負責書籍大部分的宣傳，有時甚至是全部的行銷和宣傳；幾乎可以確定的是，出版社並不會送你去巡迴宣傳你的書。事實上，如果你沒有一定數量的社群粉絲或是自己的平台，要拿到傳統的出版合約是很困難的。為什麼？因為出版社預期的是，你有辦法靠自己將書賣給一群已存在的受眾。

一旦你簽了出版合約，就會收到款項。出版社會先按照雙方所同意的金額付你一筆錢，這是一筆預付的款項，有時候甚至書還沒完成就會先付了。對於仰賴這筆收入的作者來說，這是一項福利，基本上，這筆錢是預付的版稅，是從書籍銷售的營收而來。作者會先拿到一部分的版稅，接著，等到書籍出版之後，作者還會獲得一定百分比的版稅，但要等到版稅大於預收的款項之後，才會開始拿到這筆錢。舉例來說，如果作者事先收到 20,000 美元，那麼在該書營收的版

稅超過 20,000 美元之前，作者是不會拿到任何款項的。這種做法會讓出版社承擔起書籍的銷售風險，因為出版社一開始就要先付出 20,000 美元，這是一個經過計算的賭注，他們必須有辦法在你身上──也就是作家身上，賺回這筆錢。書賣得好，出版社才能回收這筆投資。

　　如果你採用自助出版，這時候，以上這些事都要自己來，並自行承擔所有風險。你要寫作、編輯、修訂、設計、調整格式和排版，還有出版，這些全部都要自己來。你要自己替書做行銷和宣傳（但是，即便你選擇傳統出版，還是要靠自己做宣傳）；你要支付印刷的費用、自己訂價。不過，最棒的是，你可以保有更高百分比的版稅。如果你是在亞馬遜上自助出版的話，會拿到營收的 35 ～ 70％。你不必擁有社群粉絲或是自己的平台、不必是一位已經出過書的作家，而且，對於自己的作品，你在創意上擁有百分之百的控制權。

　　對你來說，哪個選項行得通呢？以下是幾個需要考慮的重要因素：

- **時間**：找到傳統出版社很困難，也很花時間；相反地，沒有人會阻止你今天就自助出版一本書。

- **錢和風險**：與傳統出版社簽約的話，你要負責的是完成書稿並協助行銷宣傳。其他的費用，出版社會買單：封面設計、編輯、印刷，以及廣告等等。出版社會承擔風險，而作為交換，你只能獲得營收的一小部分。另一方面，如果是自助出版，所有的費用都要自己付，風險也要自己承擔，但是你可以拿到的營收比例會高很多。

- **控制權**：傳統出版社對於書的每個面向都有最終決定權。另一方面，自助出版意味著你對自己的書有著完整的控制權。

以上是傳統出版和自助出版之間的三個主要差異之處。不管你選擇哪個，如果成功的話，都會帶來被動收入。

傳統出版

如果你選擇走傳統出版的路線，那你的目標就是要找到一間出版社。接下來，你會跟出版社合作、修訂書稿，並發表這本書。

寫作：首先，把書寫出來，簡單！（對 J.K. 羅琳〔J. K. Rowling〕來說，或許沒那麼簡單。）腦力激盪出你的點子之後，就該拿起紙筆，開始動工了。我強烈推薦先從列大綱開始，好讓你的創意之泉可以源源不絕，尤其當你寫的是非小說類書籍的時候。

找到經紀人：你會需要與作家經紀人合作，好讓你的作品可以出現在知名出版社的眼前。你可以把作家經紀人想成是房地產經紀人或仲介——幫忙媒合潛在的買家和賣家，並促成生意的人。作家經紀人也是在做同樣的事情，只不過他們服務的對象是作家和出版社。當你開始搜尋有哪些經紀人時，可以利用一些網站，像是 WritersMarket.com 或是 AgentQuery.com。你要列出一份可能的經紀人名單，再根據他們的經驗，以及誰做過你這個類別的書來進行篩選。你會向經紀人們遞交你的出書提案，他們會交給出版社，然後，如果出版社有興趣的話，經紀人就會替你進行交涉。

準備出書提案：每個經紀人和出版社對於出書提案的要求都不一樣，但這幾項是最常被要求準備的：

- **詢問信**：使用一頁的版面來書寫（其實就像是銷售話術），描述為什麼出版社應該要考慮出版你的作品。

這就是你這本書的自薦信，你可以 Google 一下，關於怎麼寫這類信件與相關範例，很容易就可以找到一些點子。在剛開始送出提案的時候，你需要寄詢問信給十幾位經紀人，他們收到之後可能會跟你要進一步的資訊。

- **故事概要：**故事概要是小說類書籍的一段簡短總結，一般而言，長度大約是一到兩頁，內容包含故事的結局。

- **非小說類書籍提案：**非小說類的書籍提案，有點像是替你的書做一份商業企劃。你應該向出版社清楚表達為什麼這本書是有市場需求的，並說服他們認同你的點子。一份非小說類書籍提案，通常都比小說的故事概要長得多。

- **章節範例或稿件：**在提供稿件給出版社的時候，通常會遞交完整的小說稿件。你需要盡可能交出最佳版本的稿子。不要急，非小說類書籍在交稿時，可以先提供書籍開頭的前幾章就好。

上述這幾項東西通常都不是馬上就需要。你可以先向經紀人寄出詢問信，之後經紀人可能會跟你要更多資訊，以提

供給出版社。這就是走傳統出版這條路的速成方法。

 ## 自助出版

　　我讀了錢德勒‧博特（Chandler Bolt）的《出版》（*Pu-blished*），這本書啟發了我，讓我開始提筆撰寫《讓可愛的錢自動滾進來》。博特教導了我自助出版需要知道的 99％事情，這本指南非常全面，涵蓋了過程中的每個步驟，從腦力激盪到大綱，再到寫作、行銷跟發表。我之後會解釋我自己那套最佳行銷和發表流程（見第 12 章），但我強烈推薦你把《出版》當成一本自助出版的全面性指南。

　　我想都沒想就決定要用自助出版的方式出版《讓可愛的錢自動滾進來》和你手上這本書。因為就算選擇傳統出版方式，我為這兩本書所做的一切行銷，最後也是要我自己來做，那為何要放棄我的版稅呢？我的想法是有點偏頗，這一點並非祕密（畢竟我只做過自助出版），但我真的認為新手作家該走這條路。

　　事情並不是永遠都只能二選一。自助出版最棒的一點就是，如果你的書大獲成功，出版社會在這之後再來找你！所

以，真的，自助出版幾乎沒有任何壞處，只要你在最一開始的時候願意花功夫行銷自己、建立起粉絲數量。

當你選擇傳統出版，出版社將會處理細節；當你選擇自助出版，一切大小事都得事必躬親。準備自助出版時，最重要的三個面向是編輯、封面設計，以及版面格式。

編輯你的書：在你完成稿件第二版的修訂之後，你要決定是否要付錢聘請專業編輯。鄭重說明一件事：好的編輯是值得付酬勞的。我很推薦你用 Upwork 和 Fiverr 平台來找到價格合理的編輯，我花了 250 美元，替《讓可愛的錢自動滾進來》請了一位編輯，比市價低了好幾千美金。

設計封面：你還有一個工作，就是想出封面的設計。這個也可以外包出去，或者你可以依照你的時間和預算限制，自行製作。如果你選擇自己來的話，可以使用 Canva 平台，不然就是去上一些 Photoshop 課程。我用 Photoshop 設計了《讓可愛的錢自動滾進來》的英文版封面，而你手上這本書的英文版封面，則是我在 99designs.com 上付錢請專業人士製作的。

版面格式：最後是製作這本書的格式和排版，讓這本書準備好可以出版。我是用亞馬遜的 Kindle 自助出版（Kindle Direct Publishing, KDP），有電子書和紙本平裝書的選項。

如果你選擇自助出版，想盡可能讓愈多人看到你的書，那麼因為亞馬遜壓倒性的知名度，使用這個平台最有機會做到。不過，你也可以探索一下其他平台，像是 IngramSpark、Lulu、Apple 書籍、Kobo。你可以請人製作相關格式，也可以自行研究平台要求什麼格式，然後自己做，把錢省下來。

接下來，我們來聽聽看目前自助出版最成功的經歷故事：哈爾‧埃爾羅德。

案例分析：哈爾‧埃爾羅德──國際級暢銷書作家及主題演講人

各位女士、各位先生，包準您們會滿意！很榮幸我能夠有此等殊榮，向您介紹國際暢銷書籍「早晨奇蹟」系列的作者，哈爾‧埃爾羅德。哈爾是我所認識最優秀的人之一，聽完他的故事，你也會同意我的說法。

年僅 20 歲時，他就死過一次了，因為一名酒駕駕駛迎面撞上了他的車，他的心臟停止了 6 分鐘。他最終從昏迷中醒了過來，但是醫生告訴他，這輩子可能都無法走路了。然而，現在的哈爾不僅能走，還參加過將近 84 公里長的超級馬拉松！26 歲時，哈爾用

自助出版的方式完成了第一本書《人生，正面迎擊》
（*Taking Life Head On*）。

　　成功之後，過了幾年，2008 年的金融海嘯給了
他重重一擊。他發現自己深陷超過 425,000 美元的債
務之中，並深受嚴重的憂鬱症所折磨。後來，他專注
投入於個人成長的議題上，創造了一套早晨的例行公
事，為自己殺出一條血路。這套方法在他身上極為成
功，因此他分享給他指導的客戶。當他意識到這套「早
晨奇蹟」有多獨特的時候，他立刻就知道，必須把這
套方法分享給普羅大眾，這是他的義務。《上班前的
關鍵 1 小時》（*The Miracle Morning*）接著成為世界
上自助出版最成功的案例之一，這本書被譯為 37 種語
言，有超過 3,000 則的五星評價，並且在超過 70 個國
家、影響了 200 萬人以上的人生。

　　哈爾是 Podcast 節目「達成你的目標」（*Achieve
Your Goals*）的主持人，有著可以入選名人堂的商業
成就，也是一位國際性的主題演講人，而且最重要的
是，他是一位心懷感恩的丈夫與父親。

　　我有幸可以親自向哈爾請教，問問他關於自助出
版與傳統出版之間的優劣，以及被動收入對他的生活

造成了什麼樣的改變。

＊　＊　＊

我：「你為什麼決定要自助出版《上班前的關鍵 1 小時》？」

哈爾：「我原本想用傳統方式出版，因為我在 2009 年寫這本書時，自助出版並不那麼受到重視，或者，至少我是這樣認為的。我原本請了一位女士來幫我撰寫出書提案，她先前曾協助某位知名作家在出版前就拿到上百萬美元的預付版稅，所以我想著：『我要聘請她，我只想要用最厲害的人。』她幫我整理出一份 30 頁的出書提案給出版社，不過，在寫書的過程中，我也同時做功課，研究自助出版和傳統出版之間的差異，最後得出結論：『等等，**我自己出版的話，會賺更多。**』」

我：「為什麼？自助出版跟傳統出版比起來，最大的好處是什麼呢？」

哈爾：「我會建議 99％的新手作家都應該使用自助出版的方式。事情是這樣的——出版社決定要預付給你多少錢，不是根據這本書的『點子』有多好，僅僅是看你自己『原本的平台』有多大。走傳統出版的唯一理由，就是你已經擁有

相當大的平台了。平台指的是一群已經認識你、喜歡你、信任你的人，你可以跟他們進行直接溝通。你需要有辦法透過電子郵件和社群媒體去觸及好幾十萬人，或者，至少要有一萬人，到了這個時候，再來考慮傳統出版這條路。

「選擇自助出版而非傳統出版，還有一個原因，自助出版的話，你拿到的平均版稅不再只有 8～12%；一般來說，自助出版的每本書，你都可以拿到 70%左右的收益。

「最後，傳統出版社對於書籍的創意內容有控制權。如果你想做一些衍生性商品，或是把這本書變成系列作品，所有權就會歸出版社。如果你想要走傳統出版這條路，那麼你會需要一絲不苟地讀過合約，並自問：『我未來可能會想做什麼？我會不會想要繼續延伸，再寫第二本書？我會不會想要以這本書為基礎去舉辦活動，或是以這本書的內容為基礎，製作一套線上課程？』傳統出版社是你的老大，你對書籍進行的一切操作，權利都歸他們所有。」

2012 年，哈爾自助出版了《上班前的關鍵 1 小時》，雖然緩慢，但是這本書穩紮穩打、愈來愈紅。兩年過後，已經賣出 100,000 本，並建立起相當大的平台，哈爾再度考慮傳統出版，他找到一名經紀人，並開始向出版社提案。

哈爾：「我們見了 13 間出版社的人，有 9 間對原來那

本書提出邀約,而最好的兩個提案是 250,000 美元的預付款。跟我當時自助出版賺到的錢比起來,以收益來說,都沒有接受的道理。」

不過,有間出版社向哈爾提出一個非常迷人的想法:他可以保留在美國的自助出版權,另外將授權到國外的版權簽給出版社。這種採用傳統出版的特定方式帶來了極高的效益,《上班前的關鍵 1 小時》現在已經被翻譯成 37 種語言。

哈爾:「我在國外的版稅收入已經跟美國國內一樣多了,或許今年還會超過。從不同出版社而來的收入總共已有 37 條金流,而且這些支票會自己出現!像是昨天,有人寄了兩張支票給我:一張是 4,000 美元,另一張是 11,000 美元。這些支票每一或兩週就會自動出現,所以,你實際上真的可以同時採用自助出版與傳統出版。」

目前,哈爾寫了超過 10 本書,最新的一本是 2019 年發表的《奇蹟公式》(*The Miracle Equation*),但是,故事在這裡出現了轉折:他首度走上傳統出版的路。

我:「關於《奇蹟公式》這本書,你為什麼要改變出版的方式?」

哈爾:「有幾個不同的理由。我寫了一本書,但還沒出版,叫做《不只是暢銷書:該怎麼寫出一本書,可以創

造潮流、讓你大賺一筆，還可以改變世界》（*Beyond the Bestseller: How to Write a Book that Creates Movement, Earns You a Fortune, and Changes the World*）。在這本書中，我提出充分的理由，說明為什麼我認為作者應該要追求自助出版。但是，我發覺自己沒有資格給出完整的建議，因為我的經驗只有拒絕願意出版《上班前的關鍵 1 小時》的那 9 間出版社。對，我在海外市場做過傳統出版，但是在美國沒有。對我來說，就是少了那片拼圖，所以，這是原因之一，為了獲得知識、經驗和可信度，我想要試試看。我想要嘗試用傳統方式出版，然後對這兩者進行比較。

「另一個原因在於，說實話，身為作者，我已經建立了信用，而且擁有自己的平台（以我可觸及的人數來看），因此，我有談判優勢，可以跟出版社談到一筆很棒的生意，值得冒這些風險。所以，我要跟你說（我說出來應該沒關係），我預收的《奇蹟公式》版稅是 80 萬美元。

「不過，事情是這樣的，作為一本自助出版的書，《上班前的關鍵 1 小時》賺了將近 400 萬美元，而我沒有拿到任何預收款。80 萬美元聽起來似乎是很大一筆錢，但在這一點上，當我看到我所冒的風險時，這筆錢就顯得沒那麼多了，因為我冒的風險是損失好幾百萬美元的收入。

　　「說來好笑，在寫《上班前的關鍵 1 小時》的時候，我的夢想是這樣的——我自己用某家紐約出版社的名字寫了一張 10 萬美元的支票給自己。也就是說，我從網路上印了一張空白支票，然後放在我的願景板上。假如當初那個夢想成真的話（要是我真的拿到傳統出版合約），對我們全家人來說，等於是錯過了最大的賺錢機會。」

　　我：「《上班前的關鍵 1 小時》現在一個月賣出幾本？這會帶來多少收入？」

　　哈爾：「在美國，我們算出一個月平均是 10,000 本，然後保守估計，自助出版的話，每本書賺到的版稅是 6 美元，這還不包括國外的銷售。國外賣得更多，光是在巴西，今年就已經賣出 500,000 本。我們在巴西賣得比美國更好，這還只是『一個』國家，而這本書在 37 個國家都有出版。」

　　親愛的讀者們，我替你們把數學都算好了，光是在美國，《上班前的關鍵 1 小時》每年就產生約 720,000 美元的被動版稅收入！

　　我：「你的事業和書之所以讓你取得如此巨大的成功，最關鍵的原因是什麼？」

　　哈爾：「大部分的書都無法改變人的行為。如果有人讀了一本書，獲得一些很棒的想法，他們可能會在閱讀的同時

去談論這些想法，但是等他們一讀完，就會接著去讀下一本書、去談論下一本書。

「《上班前的關鍵 1 小時》的核心是六項做法，讓你可以徹底改善你的人生，這六項做法就是 S.A.V.E.R.S.，整本書以 30 日挑戰作為結尾，我會帶領他們進行這項挑戰，因為大部分的人都很難做到自律。**要寫出一本改變世界的書，最首要的關鍵就是教導人們如何有意義地改變自己的行為。**整本書都必須達成一個簡單的、按部就班的行為改變。

「不管是六個月還是六年之後，如果你還持續為他們的生命增添價值，他們就會繼續談論你的書。關於《上班前的關鍵 1 小時》，直到現在還是會有人來告訴我，他們實施這套做法已經有七年之久了，他們成就了數以千計的『上班前的關鍵 1 小時』。」

多年來，哈爾的版稅收入已經變得非常被動，但是他花了很多時間去經營，才走到現在這個地步。《上班前的關鍵 1 小時》的成功並非一夕之間所造就，哈爾花了 18 個月的時間做了大量宣傳，其中包含在 Podcast 上的訪談、演講、脫口秀，這都是在每個月還賣不到 2,000 本之前的事。然而，過了第一階段，等到這本書開始發酵，這份收入就變得非常被動了。

　　我：「以整體的版稅收入，以及你從書籍賺到的收入來看，你認為這份收入有多被動？」

　　哈爾：「我會說大約 95％ 是被動的，原因是這樣的，2016 年，我賣出 131,000 本《上班前的關鍵 1 小時》。我在別人的 Podcast 節目上做了 70 次以上的訪談，在我自己的 Podcast 上則做了 52 次，好讓相關的談論持續擴散出去；我進行了 36 場演講，去跑現場的活動，上了一些電視節目，而所有一切努力讓我賣出了 131,000 本書。

　　「2016 年 10 月 28 日，我被診斷出罹患一種相當兇猛的罕見癌症，存活率是 20 ～ 30％。2017 年，我大部分的時間都花在醫院，進行一種藥性很猛的化療，為了我的生命，跟癌症奮戰。我完全沒做任何 Podcast 訪談，自己的 Podcast 一集也沒做。我進行了 4 場演講，但電視訪談則一場都沒有，我也無法去跑活動。然後，我賣出了 130,000 本書，比前一年只少了 1,000 本。這兩年我沒有買任何廣告，全部都靠口耳相傳。」

　　我：「哇！口耳相傳的力量真大！那麼，版稅收入對你造成什麼影響？你的生活有什麼改變呢？」

　　哈爾：「我罹癌的時候，版稅收入讓我可以專注在治療上。除此之外，被動收入讓我擁有自由，可以按照自己的

想法過日子——**自由自在去做那些對我而言重要的事情**，也就是專心照顧我的健康、花時間與家人相處、為世界帶來影響。而且，我在做這些決定時，不需要考慮到金錢。」

你可以去哈爾的網站看看：HalElrod.com，記得離開時順便帶上一本《上班前的關鍵 1 小時》，我親自見證了這本書對於改變生活的影響力有多大。也別忘了在社群媒體上追蹤哈爾：

Facebook：www.facebook.com/yopalhal

Instagram：www.instagram.com/hal_elrod

Twitter：www.twitter.com/HalElrod

＊　＊　＊

第一種類型的授權金收入，也就是紙本書和電子書，講到這裡已經很完整了。你可能會注意到，我們還沒討論書籍的發行和行銷策略，事實上，任何一種會產生授權金收入的產品，發行和行銷的過程都很類似。我不會一遍又一遍用同樣的細節來煩你、讓你覺得百無聊賴，而是會在第 12 章，也就是這個部分的最後一章，說明所有授權金收入類型的發行和行銷。

現在，我們還有另一種授權金收入要談：音樂。

08　音樂版權──創作音樂也能有被動收入

 ### 音樂版權是什麼？

讓我們起立，給音樂版權掌聲鼓勵！要當一名成功的音樂家並賺到錢，並不只是寫寫歌、錄錄音，然後把歌賣出去、從銷售中賺錢這麼簡單。如果你有興趣，想要藉由你的音樂賺到被動收入，有一點很關鍵，就是你必須了解此類型的授權金收入流有哪些。任何參與音樂創作的人，都可以用這三種主要的方式賺取授權金：

- **灌錄版稅**：從 CD、串流平台以及下載等等，所賺到的錢。
- **公開表演版稅**：當音樂在廣播、電視、店家等播放時，所賺到的錢。❷
- **同步錄音權**：當音樂被使用在視覺媒體時所賺到的

錢，例如廣告、電動遊戲等。

音樂的著作權分為兩種：錄音母帶著作權（master rights）與音樂著作權（publishing rights）。我那位好姊妹泰勒絲（Taylor Swift）認為自己擁有錄音母帶的著作權，而跟人結下梁子。如果你真的還是對這段恩怨情仇感到非常困惑，聽好了，錄音母帶是一首歌最原始的錄音版本，錄音母帶著作權通常歸歌手、唱片公司或是錄音室所有。在泰勒絲的案例中，錄音母帶著作權屬於她的唱片公司，但是這家唱片公司被賣掉了，而對於這件事情，她則毫無控制權。

另一方面，音樂著作權則是屬於音樂作品的真正所有人，舉例來說，包含音符、旋律、節奏、歌詞。很難懂，對吧？

由於有太多不同的角色都參與了音樂創作，而且因為著作權是一個複雜的繩結，由一堆複雜的規則交織而成，又因為串流平台把利潤稀釋掉了，所以，要透過音樂賺到錢是很困難的，整個音樂產業中的經濟漏損量大到令人震驚。

---

❷ 譯注：此為美國《著作權法》定義之公開表演權（public performance），包含臺灣《著作權法》中的播放、傳輸、演出三者。

　　跟出版一本書一樣，要販售你的音樂，你需要做初期的投資並投入時間，甚至可能要投入金錢。在第一階段所投入的工作至關重要，發表一首音樂作品需要很大的工作量。

　　長期來說（也就是第二階段），音樂版稅真的是被動的嗎？作為音樂家，你選擇哪一條路，會影響你的被動性，所以可能會有人說音樂版稅的被動性，比本書中其他點子都還要低。但如果你是位音樂創作者，寫出了幾首告示牌熱門歌曲，搞不好你餘生都不用工作了。音樂授權和版稅收入的金流有多被動，取決於你有多成功。

 ## 如何賺取音樂授權金

　　若要賺取多種不同的授權金，創作者一定要在表演權利組織（Performing Rights Organization, PRO）註冊。美國的三個表演權利組織分別是 ASCAP、BMI 和 SESAC❸，每

---

❸ 譯注：分別為美國作曲家、作家和發行商協會（American Society of Composers, Authors and Publishers）、廣播音樂公司（Broadcast Music, Inc.）、歐洲舞台作家及作曲家協會（Society of European Stage Authors and Compositions）。

個組織的要求各有不同，會費和會員福利也各不相同。

現在一首歌的錄音通常會把每個樂器分開錄製，之後再合在一起（早期是將完整的演出一次錄下來，兩者有所不同）。多軌錄音讓創作者得以形塑每個樂器的聲音，對於最終產品的控制程度也更高。若要確實做到上述事情，你會需要一些設備；至少，你需要一套軟體和一支麥克風。

多軌錄音的第一個步驟，是創造一個替其他樂器穩住節拍的音軌，然後要錄製節奏，這部分通常會用鼓或是貝斯來做；再用吉他、鋼琴、小號等來做和聲；接著是旋律，通常會有主要人聲。最後，進行編輯、混音、母帶後期工程，這幾個步驟你可以自己做，也可以外包給專家。Fiverr 和 Upwork 外包接案平台是很不錯的資源，不過你得冒著自己的音樂聽起來像是壞掉唱片的風險（嘻嘻）。

等你有了母帶，是時候發行你的音樂了。就跟出版一本書一樣，你可以找一間發行商或是自助發行，兩者的優缺點也與出版書籍很類似。找發行商的話，你會用一部分的版稅收入，去換取一個人來幫你處理版權、宣傳以及表演權利相關組織的事情；若你選擇自助發行，這些你都要自己做，但是賺到的錢會比較多。

有鑑於我個人沒有音樂版稅方面的經驗，於是我訪問

了兩位非常優秀的音樂家：一位是樂壇老手，托姆·薛普德
（Thom Shepherd），另一位則是音樂新血，蘭登·席爾斯
（Landon Sears）。這兩位音樂家回答了我所有的問題，關
於這份收入的運作方式，以及實際上的被動程度高低。

案例分析：托姆·薛普德——德州鄉村音樂協會獎年度音樂創作人

德州鄉村音樂協會獎年度音樂創作人——托姆·
薛普德，在 1998 年拿到第一張音樂發行合約。他自
2011 年起就跟太太一起在德州巡迴演出，在這個產業
已經擁有超過 20 年的經驗。當他創作一首歌的時候，
從寫歌、製作、發行乃至演出的每一個面向，都是自
己處理。

托姆的第一首歌是 2001 年的〈Riding with Private
Malone〉，只用了一首歌，就讓托姆成功用音樂賺
取足夠的錢，可以過上舒服的日子。到處都找得到他
的 音 樂：iTunes、Spotify、Google Play、Pandora、
Napster、Apple Music，以及其他各式平台。在我們
的訪談過程中，托姆說明了音樂產業向串流和下載的

方向移動，以及這對音樂產業造成了什麼樣的傷害。

＊　＊　＊

我：「你把你的音樂放上不同的平台，這些平台各有哪些優缺點？」

托姆：「以前，你賣的是一張 15 美元的 CD，大家都拿得到錢；有沒有寫出一首爆紅的歌並不重要，因為大家得買一整張專輯。『下載』對於這門生意造成了相當程度的影響，因為大家只會購買單曲，還有那些在廣播上聽到的歌，不太會去買專輯中其他的歌。

「每個串流服務支付授權金的金額不等，0.001 美分、0.003 美分到 0.006 美分，在這個區間都有可能。Napster 跟 Rhapsody 合併了，它現在是給出最高授權金的平台。歌曲每被收聽一次，它會付 0.16 美分，但這可能是支付給整首音樂作品的錢，所以我也許只會拿到這筆金額的一部分。如果把發行商或是共同創作者算進去，這塊餅有時候會被切成兩份或是四份。」

我：「作為一位音樂創作人，長期來說，你的工作量有多少？要怎麼做，才能永續經營這些收入流？」

托姆：「行銷和經營其實不是音樂創作者的工作。如果

你只是一位音樂創作者的話,歌曲有自己的生命,不是你可以控制的。如果你既是音樂創作者也是演出者,每首歌都有一個生命週期,你用單曲的方式推出一首歌,推到廣播上,你努力操作,試著讓這首歌上榜,當它達到巔峰,一直走到它所能及的極限,然後你大概就會放下它,開始製作下一首歌。你絕對必須不停創作新的音樂,才能持續賺到錢。如果你想要建立長期的事業,並且讓大家一直回頭找你,你需要不斷想出新的東西。」

托姆解釋道,在音樂製作方面,寫歌是最被動的一個面向。每當有人把歌拿去錄音,歌曲的創作者這輩子都可以一直收錢。

托姆:「你知道多比・格雷(Dobie Gray)的那首〈Drift Away〉嗎?寫這首歌的傢伙,門特・威廉斯(Mentor Williams),將這首歌授權了好幾百次,一大堆人都錄過這首歌。不只是那些唱紅這首歌的人,還有很多你聽都沒聽過的人,而這些人全部都得付錢給他,這是一輩子的事情。事實上,這會比一輩子還長(你這輩子結束之後再加75年),你逝世後的75年內,他們還是要支付版稅費用給你的家人。」

我:「你會推薦其他人走上這條路,作為一條被動收入

流嗎？」

托姆：「我認為這是屬於那種『如果你充滿熱情，就去做』的事情，但是，我會不會推薦別人把這當成一份謀生的工作呢？不盡然。音樂產業的競爭非常激烈，要賺到像熱門歌曲那麼多錢是很困難的，**這必須是你的熱忱所在，必須是你熱愛的事情。**」

我：「還有什麼是你想讓本書讀者知道的嗎？」

托姆：「田納西州納許維爾市有位音樂創作人，叫做吉姆・麥克布萊德（Jim McBride）。每當有人問他：『我應該要搬來納許維爾，走上音樂創作這條路嗎？』他的回答是這樣的：『我要是不搬來，就會活不下去，否則我不會搬來這裡。如果你的熱忱還不到這個程度，那就別來。』我認為他說得沒錯。我很熱愛自己正在做的事情，我們四處巡迴、旅行。每當有人問我：『你最喜歡的是寫歌，還是現場演出？』我的答案都是：『演出我所寫的歌，現場演出。』」

請給予托姆熱烈的掌聲！或者，你可以去他的網站看看他最新的音樂和想法：www.thomshepherd.com，也可以在社群媒體上追蹤他：

Facebook：www.facebook.com/ThomShepherdmusic

Instagram：www.instagram.com/thomshepherd

Twitter：www.twitter.com/THOMSHEPHERD

案例分析：蘭登・席爾斯──納許維爾的音樂人

接下來，我們邀請到蘭登・席爾斯。蘭登住在納許維爾，是一位 R&B、靈魂音樂以及嘻哈音樂的藝術家。他學會彈奏的第一個樂器是小提琴（也是他最擅長的），他 7 歲開始拉琴，也會彈吉他、唱歌、饒舌。席爾斯在 2014 年開始發表歌曲，2017 年發行了第一張專輯，全美有好幾千位聽眾。他的音樂嶄新且具有原創性，在你往下讀之前，先播放他那首〈Blueberry Cadillac〉來聽聽。

說到創作音樂，蘭登什麼都做，他製作、混音，甚至同時以製作人的身分參與別人的計畫。他說，你不需要昂貴的工作室；他的一切都是在房間裡用 Logic Pro X 軟體完成的。

蘭登對於版稅與串流服務的態度比托姆樂觀一些，但他們有些基本建議是一樣的：除非音樂是你所熱愛的事情，否則不要做音樂。

＊　＊　＊

我：「你把你的音樂放在哪些平台上？這些平台相較起來怎麼樣呢？」

蘭登：「所有串流平台上都有我的歌，我有非常多首歌，光是 2018 年就發表了 21 首。Spotify 最近似乎是一個讓創作者崩潰的平台，因為它的播放清單和其他事情。很多人都用 Apple Music，但我認為 Spotify 會勝出，因為播放清單的風潮，也因為這個平台跟其他在餵養它的幾個主要品牌之間的聯繫。大家似乎都在抱怨串流以及拿到多少錢的問題，但你賺的其實比你想的更多──那些點擊率是會累積的。還有，人們真的已經不會去購買唱片了，所以這有點像是：反正事情就是這樣，要不要接受，隨便你。」

我：「為了持續賺錢，你需要一直創作新的音樂嗎？」

蘭登：「這個世代是極度內容導向的，在這個時代，你必須擁有內容。整體來說，音樂的消費者必須花更多時間來欣賞東西，而不是活在一個無時無刻不由媒體驅動的漩渦裡。藝術家需要讓自己的內容與時俱進。我是個內容導向的人，不喜歡長時間無所事事地待著、沒有發表新的東西，這不是我的風格。」

　　我：「你認為音樂作為收入來源，有多被動呢？」

　　蘭登：「好處是，一首歌一旦發行出去，就是**被動收入流**了，你可以放它自己跑，歌愈多愈好。要發行一首歌，該做的事情有很多，得根據你自己的藝術期待而定。不過，這一切真的都視情況而定，像是我對作品非常有自己的主張，所以我的歌曲必須跟我想要的分毫不差，有時候這得花很長的時間；但也曾發生過一些情況是，我創作了一首歌，當晚就發表了。一般來說，要做的工作還是很多。我說真的，你必須思考如何分配上傳的平台、作品本身、發行日等等所有事情。」

　　我：「你會推薦其他人試著走上這條路，並把這當作一條被動收入流嗎？」

　　蘭登：「如果這是你心之所向，那當然可以。創作要真誠，不能只為了快速賺到錢就試著做出一些什麼，因為這種事不會發生。你必須慢慢累積，才能在這個業界賺到錢。」

　　謝謝蘭登！記得在社群媒體上追蹤蘭登・席爾斯：

Instagram：https://www.instagram.com/landon_sears

Twitter：www.twitter.com/landonator

總而言之

　　我就直說吧：透過音樂賺版稅，是一種非常具有挑戰性的被動收入流。就跟寫書一樣，成功需要才能、努力工作、熱情，常常也需要運氣。如果你還不是那種願意把一切都投進去的音樂家，那麼放棄這條版稅收入可能是有智慧的做法。要是你無論如何都想冒險走上這條路，那麼我希望你認為這些資訊是有價值的。你需要真的熱愛創作音樂，才能從中賺到錢。

　　下一章，我們會談到三種有趣且特殊的授權收入：照片、可下載內容，以及隨需印刷。

09　照片、可下載內容、隨需印刷的授權金

 照片授權金

　　不對，我說的不是婚禮攝影師、嬰兒攝影師或是畢業照攝影師。這些一點也不被動，這些工作需要個人的才能，而且必須本人親臨一定的場所、花上一定的時間來賺錢，這類型的攝影照片絕對是主動收入。

　　要從照片中賺到被動收入，你要將照片上傳並授權給視覺素材網站。首先，素材照片是什麼？素材類型的圖像是不貴、高品質的圖片，大家會買來用在廣告、商業、網站、部落格，以及專案上。素材照片一般都是普通的風景、人物、大自然，以及活動。想想看在廣告手冊、海報、網站上看到的那種通用照片，那些也很有可能是素材照片。

　　你可以在網站上購買並販售你的素材照片，有一些熱門

的網站，像是 iStock、Getty Images、Shutterstock、Big-Stock，還有 500px。作為買方，你可以在上面購買照片；你也可以成為賣方，在網站上用不同的方式將照片授權出去，根據選擇的方式不同，你所具備的權利也有所不同。作為買家，你必須閱讀使用者條款的細則，才能了解你實際上可以用這張照片做些什麼。你只能使用一次（單一一則社群媒體貼文，或是單一一個網站上？），還是可以不停重複使用？如果你購買了某張照片，你是不是該照片唯一的使用者呢？還是其他人也可以購買，並使用同一張照片？

　　作為照片的賣家，這些條款也一樣重要。畢竟，如果你是在一個只向買家提供獨享使用權的網站上販售照片（意思就是，每張照片只能賣給或是授權給一位買家），你會需要一直上傳照片，才不會把存貨用完。

　　另一方面，如果你是在提供非獨享性照片的網站上販售，那麼其他使用者也可以付費取得同一張圖片的使用權。同一張照片可以被反覆授權，因此擁有永久帶來收入的潛力，這就是你要追求的被動收入流。

　　BigStock 的運作模式就是後者。你可以上傳好幾百張圖像，如果它們表現很好，就會一直賣下去，而你可以舒服坐下來，等著收授權金。但是，千萬不要低估創造這條金流的

難度，把一堆照片丟上網路，然後輕輕鬆鬆等錢進來，這聽
起來很容易。然而，若事情真的是這樣運作，那怎麼不是所
有人都搶著做？

　　成功包含了一些重要的成分：才能、經驗、知識和技能
……不管你怎麼稱呼。現在，照片是一個競爭強度很高的市
場，如果我上網去找我下一本書的封面圖，真的就會找到十
幾萬張圖片可供選擇。你要怎麼做出差異？至少，你需要一
台高品質的相機，當然也要知道怎麼使用，還要準備專業的
圖像編輯軟體、很會修圖，並找到方法創作出一些新穎獨特
的東西。

　　你所提供的照片，跟其他攝影師的區別在哪裡？如果
你很有才華、很努力，願意學習行銷，就可以向市場提供一
些新鮮或是不同凡響的東西，好讓自己擁有差異性。如此一
來，照片素材的授權收入，對你來說就會是個很棒的選擇！

可下載內容的授權金

　　如同其他被動收入流，可下載的內容，只要創作一次，
就可以反覆販售。這些東西一般都存在線上，讓潛在使用者

或顧客下載。以下有幾個例子：

- 印刷（照片、繪圖、任何其他種類的美術作品）
- 邀請函（婚禮、新生兒派對、準新娘派對、生日派對，此類型的任何活動）
- 工作表單（收支追蹤表、各式合約）
- 模板（待辦事項清單、週計畫表、日曆、履歷範本、證書、獎狀、刺繡圖樣）
- 活動票券、菜單、禮物標籤

做過婚禮計畫的人，把手舉起來！首先，我要向你們敬禮。我 2017 年訂婚，在訂婚一年後，試圖著手進行婚禮計畫，然後立刻放棄。這太花錢，而且壓力太大了！（不過我還是結婚了，抱歉囉，夥伴們。）

我記得我做過一件事，就是四處詢價，想知道訂製婚禮邀請函的價錢，我上網問大家付了多少錢，大部分的人說幾百塊美金，有很多人花了 500 美元以上。當你在 Minted 或是 Shutterstock 網站上訂購的樣式愈華麗高級，邀請函也就愈貴。我知道有人為了省錢，從 Etsy 或其他網路商店下載模板作為替代方案，再用電腦填上所有細節，然後自行到

FedEx 或好市多（Costco）印刷，或者用自家的印表機和紙卡印出來。超聰明！他們只需負擔單次費用，包括選購自己想要的模板與印刷費，結果是——這種方法便宜多了！

　　想想看那些賣模板給他們的人，這些人擁有藝術方面的技能，可以創作出漂亮的婚禮邀請函，然後上架到 Etsy 或是其他網站販售。假設模板售價 20 美元，這不僅僅是在 Etsy 上賣一個 20 美元的實體商品，而是重複販售同一個 20 美元的數位商品。同樣一個可供下載的模板能賣出 10 次、20 次，甚至超過 50 次，而創作者連手指都不用動一下。20 美元，賣 50 次就是 1,000 美元，而這還只是「一個」模板而已。如果有 80 個模板，每年每個都賣出 50 次、每次 20 美元呢？請下音樂……那就是 80,000 美元了！哇！那可比我之前想像的還要多很多！顯然，還要扣掉網站的手續費等等，但依然很不錯。你現在應該可以理解，可下載內容是非常具有吸引力的被動收入點子。

　　婚禮邀請函模板的想法現在可能被用到爛了，想想看我們的 SCRIMP 要素之一：市場性。市場上有婚禮邀請函的需求嗎？當然有，但這個市場是否已經飽和了呢？是否已經有極大的供給量了呢？競爭狀況怎麼樣？我個人不會走這條

路，因為有種人人都鎩羽而歸的感覺，而且我不想跟 Etsy 上另外 9,000 位也在做同樣事情的人競爭。（記得，第 6 章講過的市場調查至關重要啊！）

　　可下載內容有著無限的可能性。回到之前舉例的清單裡找找靈感，或是開始動手列一份清單，把有潛力成為金錢製造機的想法列出來，選擇其中一項，把它具體化。專門用在送給離婚婦女禮物的禮物標籤怎麼樣？以食物為主題的刺繡圖樣呢？當小孩做了某樣家事或是完成某個任務時，父母可以頒發給孩子的那種證書如何？你的目標客群愈明確愈好，這樣競爭對手會愈少，而且你可以將全部注意力都放在這個客群的需求上。

　　Etsy 並非這類型唯一的市場，去看看 Creative Market 網站，它賣的是「來自獨立創作者、現成的設計資產」，概念也一樣，但稍微更明確一點。你可以找到各種線上管道，在上面販售可下載的內容，等你賣出了一些內容，你甚至還可以打造自己的網站，把流量導到那邊去。

　　就跟其他授權金收入一樣，你在第一階段要付出大量時間，來創造並發表這些可下載的內容；而第二階段，在你創造動能之後，你花在維持這份收入上的時間就會比較少了。

隨需印刷授權金

隨需印刷運作的方法

　　在被動收入的種類中，隨需印刷是個有趣的想法，而關於這份收入，我也有自己的親身經驗。想像你最近一次買的連帽衣或棒球帽，上面有沒有哪支運動隊伍、品牌標誌或是其他品牌的圖像呢？以一頂上面有著底特律雄獅標誌的帽子為例，底特律雄獅公司擁有這段文字與標誌，不管是誰賣那頂帽子給你，都必須把利潤的一部分（就是授權金！）付給他們。因此，底特律雄獅公司每年都會收到來自製造商、連鎖商店、精品店、網站，以及其他任何使用該標誌者的授權金。底特律雄獅公司不必實際製造與販售這些產品，但依然會賺到錢，而之所以有人付他們錢，是因為他們擁有一個商標。這種被動收入怎麼樣？不錯吧！

　　我的意思不是說你需要搞懂該怎麼從他們手上買下這個商標，但你可以用類似的方式來賺錢。你可以創作一些設計圖樣，放在衣服、馬克杯、筆等等上面來賣，只要你想得到的東西都行。

　　請容我向您介紹隨需印刷，隨需印刷平台的服務就跟字

面上的意思完全一致：可以隨時印製商品。以這些底特律雄獅 T 恤、帽子或球衣為例，首先，你可以從單一的服裝品項開始，用某種方法把標誌、圖片或一段文字放上去。你可以直接印在布料上，或是用絹印、刺繡等方式把圖案放上去。

　　從風險的角度來看，隨需印刷對你來說有著極大的好處。現在，假設你要開一家販售實體商品的店，為了確保你的成功，你需要投入大量時間去做事前調查和研究，才能確定你的東西會賣。因為，如果不賣的話，你就毀了。畢竟，你已經把錢花在這些品項的設計、製造以及（最重要的）庫存上。作為實體產品的製造者，只要有庫存，就會有某種程度的風險。如果庫存銷不出去，你就要認列損失，全劇終。

　　另一方面，隨需印刷則把庫存問題整個踢出局。當顧客想要訂購你的產品時，你就按照需求，等他下訂之後再印製即可。隨時接到訂單，就隨時印製，再也不用負擔 3,000 個賣不掉的手機殼存貨了，而是等接到訂單或是銷售之後才生產。聰明絕頂，對吧？

　　隨需印刷不只**消除了庫存風險**，也**消除了行銷風險**。你再也不用事先知道什麼東西會賣、什麼東西不會了；你只需要想到一些點子，並把這些點子提供給全世界，然後用那些會賣的東西賺錢就好了。隨需印刷是很美妙的。

所以，把這兩個想法結合在一起吧。首先，我們有個點子，想要用可以出現在產品上的設計來賺錢，而不是利用販售產品來賺錢。接著，我們有了隨需印刷的想法，兩個放在一起，就是擊出了一支全壘打。

｜隨需印刷平台｜

每一天都有人使用線上平台做隨需印刷，你只要註冊、設定帳戶、創作，並把你的設計上傳到「平台本身提供的產品」，接著就是在產品賣出時收錢就行了。如果這個想法讓你感到興奮，那花點時間去下列這些網站看看：

- Threadless
- Teespring
- Redbubble
- Merch
- Zazzle
- TeeFury
- Printful & Etsy
- Fine Art America
- Society6

- SunFrog
- Shopify and Amazon with Teelaunch
- CafePress

　　上述每個網站提供的平台，都可以讓你開啟隨需印刷的生意，但每個平台都有些許不同，各有各的優缺點。有些是只要使用就要付註冊費，有些則是按月收取費用，但我試著不去碰這種平台，因為我不想要冒風險，上傳了一堆設計之後賣不好，然後被迫無論如何都要繳交一筆費用。

　　有些網站觸及的受眾數量很多，有些很少；有些提供了數百種不同種類的產品，有些則只提供了幾種。每個平台的授權金分配都不一樣，你會想要好好比較，究竟每一筆銷售會讓你賺到多少錢，因為在這一點上，平台跟平台之間的差異滿大的。一般而言不會差太多錢，可能是幾美元，可能更多、可能更少。我個人用過 Redbubble、Printful & Etsy，還有 Merch，我也正在研究其他平台。

隨需印刷的設計

　　各位女士、各位先生，這是一場數字遊戲。如果你丟了 8 款設計上去，然後決定到此為止、不玩了，我會很懷疑你

是否能夠長遠走下去（除非其中一款設計爆紅）。你的設計愈多，大家找到自己喜歡的東西的可能性也愈大。

這麼說好了，假設你每創作出 20 款設計就能賣出 1 個，再假設從第一筆銷售開始，那一款設計每個月都可以賣出一次，然後，若你靠著這款設計，平均能賺到 3 美元授權金，意思就是：當你上傳 20 款設計，每個月就能賺 3 美元。現在，試試看乘以 100：上傳 2,000 款設計，每個月賺 300 美元。這樣才像話。

對，2,000 款設計很多，我的意思並不是一定要上傳 2,000 款設計，每個月才能賺到 300 美元。你收取的授權金多寡，會依據你使用的平台、設計的品質、提供的產品，以及授權金分配而大有不同，但你已經掌握到重點了：上傳的設計愈多，賺到的錢也愈多。因為你賣出產品的機率會等量增加。2019 年，在隨需印刷這門生意中，收益最高的月分曾為我帶來 1,700 美元的淨利。

你要確保把每款設計盡可能擺到各式各樣的產品上，如果你需要花時間把設計圖稿上傳到托特包上面，那麼你應該也要上傳到該平台所提供的其他產品。畢竟，有人可能不喜歡紅鶴圖案的托特包，但可能會喜歡紅鶴圖案的筆電包。

各種形狀和尺寸的設計都有。靈感也是唾手可得，只要

滑滑 Facebook，你可能就會看到一則好笑的迷因、句子或
是引言，把它寫下來，列出設計點子的清單。去逛街，看看
沃爾瑪（Walmart）裡賣的襯衫；去克羅格（Kroger）超市
看看他們賣的馬克杯；去目標百貨公司（Target）看看他們
賣的所有東西；把這些都當作你的靈感來源。你的朋友們都
穿什麼？你擁有的哪些產品上面有設計圖樣？去你的衣櫃、
廚房、牆面上看看。

　　有些設計是以文字為基礎，有些則是圖形。記得做一份
設計點子清單，上面每個類別都要有相應的欄位，你可以看
看哪一種賣得比較好，然後集中創作那些東西就好。

　　小心不要違反《著作權法》或《商標法》。你不可以把
「Nike」字樣放在自己的設計當中。當心迪士尼（Disney）。
你也不可以放上任何已註冊為商標的名稱，包括桌遊、品
牌、體育賽事隊伍等。一般來說，避開代名詞會是個好主
意。

　　即便是看似無關緊要的句子，都可能被註冊成商標、
使用在商品上。你真的永遠不會知道什麼東西已經被註冊
了，所以記得在美國專利暨商標局（United States Patent &
Trademark Office, USPTO）網站上，再三檢查你創作的每樣
東西。

｜DIY vs. 僱用接案人員｜

此處的大哉問顯然就是：實際上，要怎麼做設計？用 Photoshop 和 Lightroom，寶貝。

如果你很有藝術細胞，我強烈建議你自己創作這些內容，逐一檢視一遍你清單上的設計點子，然後開始創作。一開始會很花時間，一旦等你上手之後，就可以在幾分鐘之內搞定一款設計（尤其是以文字為基礎的那些設計）。

你所使用的平台，很有可能會在設計的規格上有一些特定限制。他們可能會要求特定的影像尺寸、檔案大小，甚至是顏色。記得一開始要幫自己設定好一個模板，可以不斷反覆使用，如此一來就不用擔心規格問題。

確認一下你的設計在縮圖的頁面上看起來如何，要集中於創作出清晰、明亮、大膽的顏色和線條，這樣的設計會很突出；也要確認模板上的圖片放在正確位置。即便你不是超級會用 Photoshop，但要是充分練習的話，創作以文字為基礎的設計，可以變得很容易。

另一方面，或許你不知道該怎麼設計，又或者你不想要創作，太棒了！去 Fiverr 或是 Upwork 請人幫你做。

你在找設計師的時候，首先要制定工作規範。你具體想要的是什麼？你會給他們多少時間來完成？設計的規格限制

是什麼？你必須列出他們需要知道的所有事情。接下來，你可以拿著這份工作規範文件四處看看，請不同的接案工作者報價給你。

你會想要看看接案人員過去的作品，確保他們不是偷竊其他藝術家的作品或是網路上的美工圖案（Google 反向以圖搜圖的功能在這方面效果奇佳）。你需要找到一位具有原創性的藝術家，而且他的設計必須有吸引力、品質良好。

考慮一下價錢。你可能才剛開始，但你至少需要整理出某種期望值，估計你認為你的授權金會有多少，以及你認為需要多少份設計才能賣出一點東西。這次可以比較樂觀，舉例來說，假設每 10 款設計中有一款會賣，而一旦賣出第一個，每週都能持續賣出一個；你拿到的授權金是 5 美元，意思是每上傳 10 款設計，一個月就可以賺 20 美元。

如果你在 Fiverr 或是 Upwork 找到的接案人員，每款設計要收取 25 美元，這在財務上對你來說是合理的嗎？若是 10 款設計，就要付 250 美元，而你知道這 10 款設計的淨利是每個月 20 美元，意思是你得花一年以上的時間才能達到損益兩平點。謝謝，下一位。

在沒有計算好數字之前就開始請人、上傳設計，可不是把錢花在刀口上的做法。損益平衡點沒有絕對的正確或錯誤

答案，但你必須搞清楚你願意做些什麼。如果需要兩個月才能達到損益兩平點，那麼在上述情境中，每款設計就只能支付 4 美元。小心，這個價格可能會太低，跟你談過的設計師中可能沒有人願意做。我現在只是在當魔鬼代言人，故意唱反調罷了，你要先試試水溫，並按照預算行事。

　　我要閉嘴了，這樣我們才能繼續往下走，進入下一個獲得授權金的點子：線上課程。

10 用線上課程分享你的知識

線上課程有各式各樣的規模和形式，你可以上一堂線上的大學課程，或是跟著塑身課程一起動一動，或者，你也可以參加一堂 Excel 基礎課程。線上課程有著無限的可能性。

會產生授權金的線上課程，第一和第二階段跟出版一本書完全一樣。在前置階段，你要投資很多時間來製作和發表課程，接著這套課程就會永遠在那裡，讓大家可以搜尋並購買，這時你就可以停下來數著大把大把的授權金。

我正在考慮要追求這條被動收入流，我想要製作房地產投資的線上課程。房地產投資的部分之後再說（本書第 6 篇），而我認為這類課程對我的讀者來說是有用的，我可以提供詳盡且深入的、真正實際操作過的指南，告訴他們該怎麼開始投資出租型房產，內容則包括租約、過濾文件，還有其他菜鳥需要知道的事情。

製作線上課程可以使用很多不同的媒材：純音檔的課程、影像課程、圖片、可供下載的模板、測驗，還有很多。有鑒於這些課程的複雜程度要高出許多，而且比起書籍所能提供的多很多，因此，許多使用者通常都願意支付比書籍更多的錢來買課程。

你可以架設自己的網站、自己賣課程，也可以在專門為了課程製作人所設計的網站上註冊。這些網站在使用和操作上極度容易，甚至有些時候，網站本身已經擁有大量的瀏覽率，這意味著會比較容易讓你的課程出現在有意購買的人面前。每個課程平台都有些許不同，提供的授權金選項也不同，用來製作與販售課程的熱門平台有：

- Udemy
- Teachable
- Skillshare
- Thinkific
- Kajabi
- Podia

你在決定要用哪個平台來設計課程之前，需要先考慮這幾件事情：

- **你的學生會從哪裡來？** 這些平台大部分只提供了製作課程的功能。目前的情勢是，只有 Udemy 和 Skillshare 有市場，意思是這兩個平台的學生基數很大。在其他平台，你得要把自己的學生引導過去，讓他們為了你的課程去平台註冊。不管是在哪一個平台，你都還是要自己行銷，但是，在具有市集風格的平台上販售你的課程，可能還是會容易一點。還有，如果你不帶自己的學生過來，你有辦法用電子郵件觸及到他們、提供他們新的資訊嗎？也就是說，你「擁有」自己的學生嗎？

- **價格政策運作的方式？** 平台是向你收一筆固定費用，還是抽取你收入的一定成數？價格會隨著課程種類和學生數量而變化嗎？會跟你收取手續費嗎？想想看，長期來說，若你的課程要成功，必須有哪些關鍵因素。

- **平台有什麼特色？** 你可以跟其他平台或是電子郵件行銷平台（例如 Mailchimp）整合嗎？你有辦法接受國際學生嗎？你會做登陸頁面（landing page）嗎？你有辦法設立聯盟行銷來幫忙賣課程嗎？你可以讓學生做測驗嗎？平台的功能特色有一大堆，而且不同平台之間的差異很大。

如何製作線上課程

　　製作線上課程跟寫書，兩者需付出的努力與採取的策略差不多。課程內容本身會跟書有些微不同：一本書是由一個個文字寫成的章節所構成，一套課程則是由各個小段落或是課程單元所組成，其中可能包含文字、影像、音檔、測驗，或者其他任何形式的內容。課程的互動性和參與度本來就比較高。

　　首先，用第 6 章提到的方法，想出一個殺手鐧般的好點子來製作課程。等你鎖定了內容，也知道你想要做哪方面的課程，就可以開始製作了。前面列的平台中，大部分都有免費版本或是免費試用期，讓你可以試用看看。製作課程時，記得要把下列這兩點放在心上：

- **不要把課程拉得太長**：人們的注意力週期短得不可思議，特別是在這個高科技、被社群媒體驅動的世界裡。課程愈短愈好，像是 15 ～ 30 分鐘，現在有許多課程甚至被拆解成一支 5 分鐘的影片。長時間的課程，最長不應該超過 90 分鐘；如果你選擇長時間課程，必須再分成段落或是單元，讓學生們可以很容易

找到一個暫停點或是休息一下。

- **適當的課程定價：**資訊本位的課程，價格範圍從 10
  美元到 1,000 美元以上都有，所以很難確知怎麼幫課
  程訂價。如果你覺得定價太高了，要記得，比起擁
  有幾百個心不在焉的學生、一人付 15 美元，擁有少
  數幾個、但參與度高的學生會好得多。高價意味著
  高品質的學生；如果你覺得定價偏低了，就提高定
  價，房地產投資的課程要價四位數美金的也不在少
  數。此外，提供分期付款方案會有所幫助，如此一
  來，學生就不必一次付清一大筆錢。Podia 平台做過
  一次研究，結果顯示他們資料庫中的課程平均價格是
  182.59 美元。[30] Podia 和 Teachable 平台都有一大堆
  的文章、試算器以及資源，可以協助你正確地替課程
  訂價。

就跟你在寫書時會做的一樣，最好事先勾勒出整套課程
的大綱。從具體的課程目標開始，你會怎麼用一句話總結這
堂課的好處？從此處開始，你可以列出主要的單元，並確保
你的課程很具體。例如，我沒辦法製作一套關於被動收入的
線上課程，因為如你所見，我用了整本書才寫完這個主題，

而且我還能再多寫 200 頁！但是，我可以做一套課程，教你怎麼找到第一個出租型房產，因為這個主題比較集中。

先製作內容大綱，接著確定你要怎麼教授這些內容。這個段落會是影音課程嗎？這個單元會採用螢幕共享的方式嗎？這邊放個小測驗會有用嗎？等你有了內容和大綱，就可以開始動手去做了。

案例分析：巴比・霍伊特──創業家及「千禧、金錢、男人」的創辦人

各位女士、先生，很高興能向您們介紹巴比・霍伊特（Bobby Hoyt），「千禧、金錢、男人」（Millennial Money Man，簡稱 M$M）網站創辦人。在我認識的人當中，巴比稱得上是狠角色之一。幾年前，他還在德州休士頓擔任高中樂隊指導，每週工作 70 ～ 80 小時；他知道自己年收入的增加速度甚至趕不上通貨膨脹，因此對工作深感挫折。他同時還有 40,000 美元的學生貸款要償還，這給了他靈感，設立了 M$M 網站。

今日，巴比的**月收入**是六位數美金，這些都是從各種被動收入流而來：廣告、聯盟行銷、線上課程，

以及招募會員的營收。在這個案例分析中，我們會將注意力放在他的線上課程，這創造了**每個月** 50,000 ～ 100,000 美元的被動收入。

* 　* 　*

巴比第一套課程的想法是從哪裡來的呢？按照他的原話：「我一開始是跟一位高中時代的老朋友在聊，他的名字是麥克・洋達（Mike Yanda），他當時正在全職經營 Facebook 與一家事務所，他提到，我應該教我的讀者怎麼利用空閒時間替當地企業經營 Facebook 廣告，因為這滿好賺的，也不用花太多時間，而且可以漸漸擴張成一家完整的事務所。我當時正在替行銷的客戶經營 Facebook 廣告，所以我意識到，與我的讀者分享這些知識，可能是個好主意。我們一起製作課程，並在 2018 年 1 月發表，結果第一個週末就進帳 130,000 美元！我們因此發現我們在做的事似乎大有可為。」

巴比目前提供兩套課程，包含上面提到的那一個，教大家怎麼替當地企業經營 Facebook 廣告，藉此賺取每個月額外的 1,000 ～ 2,000 美元，另一套課程則是教部落客怎麼經營付費的流量廣告，來增加自己的讀者數量。（如果這兩套

課程勾起了你的興趣，你可以在本書的加碼禮物中找到更多
資訊：www.moneyhoneyrachel.com/bonus。）

　　所以，按照慣例，那個最重要的問題：線上課程的收入
有多被動？

　　巴比解釋：「起初，我會說這一點都不被動，而是需要
很努力地工作，但隨著時間慢慢過去，就變得被動多了。現
在，我們的販售過程已經透過電子郵件宣傳與 Facebook 廣
告系統自動化了，這些東西會在背後運作。即便我和麥克明
年一根手指都不動一下，還是很可能會持續產生營收，但我
們兩個都喜歡經營事業，所以我們會不時創造新的內容、投
入一些工作，讓事業持續壯大。」

　　換句話說：巴比持續工作，好讓他的收入持續成長。然
而，他也可以完全撒手不管，銷售還是會按照目前的水準持
續進帳。

　　當我問巴比，大家應該如何理解被動收入時，他是這
麼說的：「一開始的時候幾乎一點也不被動（而且有些時候
從來不會是全然的被動，但可以非常接近），你必須建立好
你的資產和系統，讓收入流即使沒有你的操作，也會自動進
帳。一開始要花很多時間，但是當你打好基礎，就真的是躺
著賺了。這段日子以來，很多時候我是一邊度假，一邊日賺

上千美元。到了那時，如果你還是情不自禁地想工作，像我一樣，那你只需要不停在一個收入流上堆疊另一個收入流，並嘗試多角化經營，去試試任何對你而言有趣或具挑戰性的事情。」

你可以去看看巴比的網站：www.millennialmoneyman. com，別忘了在社群媒體上追蹤他：

Facebook：www.facebook.com/milmoneyman

Instagram：www.instagram.com/milmoneyman

Twitter：www.twitter.com/milmoneyman

11 軟體、加盟、礦業權的授權金

接下來三種授權收入的點子滿有針對性的，需要具備對多數人來說無法取得的特定技能或特定材料。無論如何，這些商業導向的授權金收入，當然可以很被動，也很有獲利能力，讓我們來看看吧！

 軟體和 APP

在編寫程式碼、電腦、IT 等方面，我極其無知（跟瓊恩·雪諾❹一樣），所以我會把技術性的東西交給專家解

---

❹ 譯注：瓊恩·雪諾（Jon Snow）為知名影集《權力遊戲》中的主要角色之一。

說。這類型的被動收入流與軟體開發有關，將軟體授權出去以供銷售，或是製作一款 APP，並以付費下載的方式供人使用。無論何時，只要有人購買或是使用你的產品，你就會收到授權金。

想想看微軟 Office 套裝，BusinessDictionary.com 表示這是西方世界最常使用的軟體。任何想要購買這套軟體的人，都可以購買並安裝在自己的電腦上。只要有人購買，軟體的創辦人保羅・艾倫（Paul Allen）與比爾・蓋茲（Bill Gates）就會收到授權金。

那 APP 商店呢？ APP 商店裡有免費 APP、付費 APP，還有以訂閱為基礎的 APP。免費 APP 通常透過廣告營收來賺錢，而付費 APP 則是在有人購買或下載時就會收到錢。訂閱制 APP 算是當中的頭獎，因為這種 APP 可以反覆賺到錢。

你可以製作各種不同的軟體或是 APP：新聞、遊戲、資訊、市集（想想 Tinder）、共乘、外送服務……任何跟真實世界融合的 APP，或是智慧型手機專用的娛樂 APP；只要你想像得到，就有可能。就在前幾天，我媽想出了一個點子，那是一款 APP，如果你的瓦斯用完了，卻又急需瓦斯的時候，就可以使用遙控無人機替你送來瓦斯罐。她這個未來主

義式的點子可能野心太大，但卻是個有趣的想法！

　　如果你在科技方面才智超群，也有技術可以創造出一些對大家來說有用的東西，那麼你走這條路就再好不過了！這種知識並不是人人都有，因此，如果可以搭配填補市場需求的能力，你就太完美了。

　　如果你完全不會寫程式碼，但你認為自己的想法夠好，那麼也不要因為知識不足而停滯不前。你可以去上一些免費或付費的課程，學習程式相關的知識；你可以下載 Apple 免費的 Xcode（一組完整的工具包，讓你可以開發 APP），也可以請約聘或接案人員來替你做。

　　開發 APP 時，你會需要投入時間來製作、行銷與發表。一旦你達成一些成就，一切都上了軌道，你就不需要這麼主動參與，於是，這就變成了一份被動收入。

 ## 加盟

　　你是否曾經好奇過，要怎麼做才有辦法開一家福來雞（Chick-Fil-A）餐廳？其實我滿常思考這件事，大概是因為我常發現自己在福來雞的得來速，計算著他們午餐時段每分

鐘要處理多少份點餐，以及一次點餐的平均金額是多少，以試圖估算出他們的平均營收。我的大腦很奇怪。

　　當一個人開了一家福來雞時，他開的是一家加盟店，加盟是一種授權，企業主授權給你開一家分店或是一間公司。擁有這家美味炸雞店的是凱西（Cathy）家族，他們在 1967 年開了第一家福來雞。從這家店開始，他們又相繼開了幾家，但是到了某個時間點之後，他們發現自己無法一直開設新的店，並自行營運這麼多間店，所以他們提供了一個選項：讓其他人加盟他們的事業。加盟者可以開一家福來雞，而作為交換，要向凱西家族支付一筆費用。

　　當凱西家族開始提供加盟的機會時，福來雞也開始像雨後春筍一般四處開設。因為加盟的緣故，2016 年，福來雞的第 2,000 家店開張。

　　要開一家加盟店，一般來說，在前置期就要付一筆很高的費用給企業主，再加上之後營收或是利潤中的一部分。我現在要向你提議的，不是「開」一家加盟店，而是「提供」別人加盟的機會。

　　如果你有一個商業上的想法，具有規模性、可被複製，而且沒有地理條件上的限制，那麼加盟可能會非常適合你。這項事業本身必須是相對被動的，至少對你而言是如此。餐

廳（包含福來雞）是非常主動的收入，通常需要老闆或是總經理全職投入，也就是每週 70 小時的工時。

　　那如果你開始當高中生的西班牙文家教呢？或許你的朋友也想要做類似的事情，你可以幫他媒合給另一位高中生。你教你的朋友如何擔任家教、給他一些教材和資源，而你的朋友也上了軌道，此外，有鑑於你提供教材給他、幫他找到家教學生，並持續支援他，所以他也會支付收入的一定百分比給你。你可以繼續做下去，直到你發現你儼然是在經營一間家教公司。你擁有 5 位家庭教師，他們底下總共有 10 位學生，而且，因為每位家教都要依賴你的教材、專業以及商業洞察力，所以每堂家教課你都可以抽成。酷喔！

　　想想看，要怎麼讓你所提供的服務或你想創立的事業變成合法加盟。你有辦法提出一份商業企劃書，並教導別人嗎？附近有其他市場對類似的東西有需求嗎？你能不能讓人們絡繹不絕地來問你是怎麼創業的？提出加盟的選項，讓他們支付一筆前置費用（通常是幾千美元，但也要看是什麼樣的事業），並且**持續支付授權費**來換取你的商業計畫、知識、技能，以及職業訓練。你開個幾家店，持續經營，接著就可以放手並收割成果了。有很多加盟生意的機會，你可能連想都沒想過，包含（但不限於）汽車美容、家管、搬家、

裁縫等等。

對於大部分的人來說，加盟可能不是一個可行的選項，但我還是想把這項放進來，或許這個機會對你來說正好是適用的。你只要從製作人的角度來重新評估整件事，而不是從消費者的角度來看。把你自己當成授權別人加盟的人，而不是加盟別人的人，並且從擁有者的觀點來看，就會替你打開非常、非常多扇門。

時間上的投資呢？很高。金錢上的投資？不一定會有。被動性？這完全不一定，要看是哪種生意。我相信你可以發揮你的創意，找到方法來提供加盟機會，並試著每週只要花費幾小時在工作上就好。以上這些並不是所有狀況都一體適用，但可能是相當有利可圖的。

 ## 礦業權

我還想要說明一個比較鮮為人知的授權金收入，就是礦業權。在世界上大部分的地方，當一個人擁有地產的時候，他們只擁有這個地產的表面，意思是這塊土地最上面那一層；但是在美國，一個人還可以擁有礦物的開採權，意指針

對地表「之下」任何自然資源的權利。

　　沒錯，美國人可以擁有草坪和下面的泥土。草地不會產生收入，但是原油會、煤炭會、花崗岩會、礦產會。石頭和泥土裡的含金量是很大、很大的！

　　礦業權的所有者可以把權利出租給企業或是個體，讓其取用這些有價值的自然資源。一般來說，礦業權的所有人會事先收到一筆額外的簽約金，或是從開採出來的東西中抽取一部分的授權費，又或者兩者皆有。只要簽好協議，使用者就會支付授權費給權利所有人。

　　首先，為了找出你在土地下面是否擁有礦業權，你可以去索取一份所有權狀，也可以去土地所屬地區的書記處，或是僱用產權公司來進行產權調查，查詢礦業的所有權。你應該要做功課，研究你住的地方有哪些類型的自然資源，在德州很常見的東西，不一定在緬因州也很常見。

　　如果你在一個資源充足的地方擁有開採權，這對你來說，可能真的是個金礦。

12 關於行銷和發行的必知事項

授權金的收入流最棒了！現在，你已經學會如何打造 9 種主要的授權金收入了：

1. 紙本書和電子書

2. 音樂

3. 照片

4. 開放下載的內容

5. 隨需印刷

6. 線上課程

7. 軟體或 APP 開發

8. 加盟

9. 礦業權

一旦你掌握了必知的資訊、做完腦力激盪、產品製作完成，也投入很多精力，現在，你要怎麼「賣」？我們會在本章討論行銷的重要性，並勾勒出一些具體的行銷策略，也要談談如何取得使用者評價與見證。

 ## 行銷的重要性

不管是音樂、書籍、照片、可供下載內容、產品、線上課程、軟體或是 APP，都有一項共通點：**這些產品的成功都要仰賴銷售成果**。而銷售，我親愛的朋友，得仰賴行銷。

現實生活的情況是，你可以寫出世界上最琅琅上口的歌，但卻因為任何行銷都沒有做，結果反而不如預期；反過來，你也可以寫出一首普通的歌，但是因為你超會宣傳，最後讓這首歌變成熱門歌曲。如果大家不知道一首歌的存在，就不會去聽它了！

上傳了一些素材照之後，你不可能突然之間每個月就賺進 2,000 美元。你得要宣傳你的照片，讓你的作品曝光，這就是行銷的目的：**讓你的東西被看見**。你必須讓大家看到你提供了什麼，才能誘使大家去購買，藉此產生銷售和銷售

量。當然，你可能會有一些自然的銷售量和利息，來自於你使用的網站或平台，但如果你真的想要成功，就不能低估宣傳自己的重要性。畢竟，你不會想要花一堆時間去拍照、修圖、上傳，然後什麼都沒賣出。

說得更清楚一點：產品成功與否，取決於你的行銷。因此，你必須非常嚴肅看待這個部分。**銷售的規則不是優勝劣敗，也不是產品最出色就會賣得最好，而是行銷做得最好的產品，才會賣得最好。**

學會行銷的方法，只是創造授權金收入流過程中的一個步驟，不要低估這個步驟，但也不要因為害怕這件事而裹足不前。行銷至關重要，如果你的作品失敗了，那可能是因為你的行銷計畫不夠好。

我的書和設計之所以如此成功，是因為我行銷得好，否則我現在就不會寫這本書了。我的主修並不是行銷，我的行銷技巧是自學的，再加上一些直覺。你可以閱讀一些免費文章和線上部落格，藉此學習到很多關於行銷的知識，或者，你也可以投資社群媒體行銷的課程、買一本開發顧客的書，或是付錢請人來替你做。不要因為缺乏行銷知識而導致自己駐足不前，有很多人原本也不知道該怎麼做，直到他們開始學習如何行銷。

基礎行銷策略

時時向受眾發布新資訊：我在發表第一本書之前，一開始就先向家人朋友宣布我正在寫書。雖然像是在更新近況，但其實是一種行銷，我在散播關於自身產品的訊息。跟大家說你在做些什麼！向他們更新你的近況、你的恐懼，還有你面臨的挑戰。你可以親自告訴你的家人朋友、教會的人、讀書會書友和同事，或是健身房課程遇到的人。最適合讓你的受眾參與其中的場所，就是社群媒體。

開始經營社群媒體：在產品即將發表的前幾週、前幾個月，要在 Facebook 建立一個粉絲專頁，並創立 Instagram 和 Twitter 的帳號。接著，你就可以在上面貼出一些新消息，關於你隨需印刷的產品、你的新軟體，或是你新的素材圖像事業。你可以給大家一些搶先看的內容、好笑的迷因，或是一些跟你的主題相關、有趣又有知識性的文章。在第一階段時，要持續貼文。歡迎追蹤「Money Honey Rachel」粉絲專頁或 Instagram，你可以在上面看到我行銷自己和書籍的方法。

加入 Facebook 社團，進行研究和調查：如果你有辦法在 Facebook 上觸及你的目標受眾，接下來就是要找到一

個跟你這個會帶來授權金的想法有關的社團。為了研究市場，你可以在社團裡貼文，例如，假設你在設計刺繡的圖樣，讓大家可以在 Etsy 網站上下載，那就加入刺繡主題的 Facebook 社團。只要你在社團裡的回覆和貼文足夠頻繁，大家就會投資你的產品、欣然伸出援手，幫助你取得成功。我在寫《讓可愛的錢自動滾進來》時，在 Facebook 社團裡問了很多問題，也獲得很好的回饋。從行銷的角度來看，這其實不是我的本意，我當時不知道參加 Facebook 社團也算是一種行銷形式，也不知道這麼做可以讓別人對我的書感興趣。你甚至可以在 Facebook 上讓大家參與投票，選擇產品的名字、標誌，或是其他重大決定，只要在上面做調查，並請大家提供回饋即可。當你的朋友們參與度愈高，他們就愈會想要幫助你成功。

　　考慮是否要用廣告來觸及目標客群：如果你想要花錢打廣告，那麼你會需要搞清楚該怎麼做、在哪裡宣傳。如果你準備發行新的單曲，你可以在 Spotify 上面宣傳嗎？還是製作一則 Instagram 廣告？如果你要發表隨需印刷的產品，你可以在 Facebook 上放一則贊助廣告嗎？我在宣傳第一本書時決定不花錢打廣告，直到今日，我還是一分廣告錢都沒花。當時，銷售《讓可愛的錢自動滾進來》靠的是口耳相

傳，但我替第二本書設定了廣告預算，因為我對自己的能力
更有信心了，也擁有一小群追蹤我的人。有很多各式各樣的
網站和電子報，都是為了宣傳書籍而存在的，因此，這次的
新書發表，我花了滿大一筆錢就是流往這些地方。如果你需
要有人幫忙，那你可以僱用一位文案寫手或行銷專家，來幫
你製作出強而有力的廣告文案。

　　在當地行銷你的產品：試想看看，在你的領域還可以做
哪些行銷上的努力？你的線上課程與健康和營養有關嗎？如
果是這樣的話，你能不能找到販售健康產品的市場、果汁店
或蛋白飲的商店，然後與他們合作？你的書籍是與共乘或共
騎制的最佳做法和安全程序有關嗎？如果是這樣的話，你能
不能到機場或是晚上去酒吧走一趟，遞遞名片或宣傳冊？

　　發揮創意：你可以 Google 看看其他行銷上的建議，為
自己製作出一份清單，並且在第一階段製作產品的時候，每
週專注嘗試一兩個新點子。你很早之前就要開始做行銷，這
點很重要，遠在產品發表之前就要做了。如此一來，當你發
表的時候，就已經有了穩固的行銷平台，而且會有很多人等
著要買你的產品。

前導內容與公開測試

　　前導內容和公開測試的策略是我在研究線上課程時學到的，但也可以運用在其他類型的授權金收入上。

　　在發表內容的時候，擁有自己的平台和追蹤者是有幫助的，你可以事先在受眾之間建立某種信任或信用，這會有所助益。不過，即使你沒有上述這些東西，還是可以發行成功的產品。

　　前導內容會在你的產品正式上線之前先建立話題、引發受眾興趣。製作前導內容的第一步是建立收件者清單；若要引起眾人興趣，使用社群媒體特別有效。你可以向大家宣布自己的意圖是什麼，跟大家說說你的課程，把他們導向電子郵件的訂閱表單。若你想收集感興趣者的電子郵件地址，Mailchimp 的效果非常好，你也可以用 Wix 或 Squarespace 製作登陸頁面，以便向大家更新關於你產品的近況。

　　接著，可以用預告性的內容來宣傳你的產品，最好是以視覺內容為主，例如影片和圖片，這會讓大家對產品有所期待，也就是他們使用這個產品的話會有什麼好處。

　　另一種前導策略是公開測試，你免費提供部分的內容，或者提供折扣價，目的是要取得回饋和見證。這種策略可以

用在紙本書、電子書、有聲書、線上課程，或是其他任何內容導向的授權類產品。公開測試可以讓你取得有用的資訊，知道什麼東西會成功、什麼東西不會，也能讓你在正式發表之前進行微調和增修。

 ## 發行團隊

　　說到我第一本書的成功，30％得歸功於內容很好，70％則得歸功於發行。要是我沒有一個清楚、有野心、安排得當的發行計畫，這本書就不會有如此成功的表現。請不要弄錯了，不要以為你有好產品，大家就會買。不不不，不！你得搞清楚怎麼讓大家想要買它。

　　如果你對於產品和平台有選擇權，我強烈建議你免費發行，做法是在產品釋出後的一段短暫期間內，免費提供這個產品。對於沒有粉絲或是粉絲很少的內容創作者來說，如果你沒有任何信譽，就很難讓大家掏錢買單，再者，這一切都跟衝勁與觸及率有關。對，或許你放棄了一些初始的授權金收入，但是你從中得到的卻更多：大量的追蹤者。如果你之後有新產品的話，這些人正是那些會回頭找你購買更多產品

的人！

　　舉例來說，如果你在亞馬遜自助出版一本書，會有一個選項是免費上架電子書，為期最多 5 天。《讓可愛的錢自動滾進來》發行時，大概有 3 天的時間，我選擇免費提供電子書，平裝書也用非常低的定價販售：9.95 美元。從這時開始，我每週會把定價調高 1 美元左右，直到我找到一個最佳價格，讓我可以賺到最多的錢，而讀者也覺得我所提供的資訊值得他們投資。

　　不管是哪種產品，在發行上市之前，要先召集你的發行團隊，這組人是你對成功的投資，而且他們是想要幫助你發行產品的人。你的家人和朋友幾乎可說是原始成員，但你也會想召集其他人，愈多愈好。你可以提供你的發行團隊一些好處，像是提早取得你的產品，或是只有自己人才有的獨享福利。

　　身為你的發行團隊，意味著要投入心力去協助你取得成功，你可以要求發行團隊去嘗試並使用你的產品（給他們一個優惠價，或是免費！），然後在社群媒體上分享他們的親身體驗。

獲得評價

　　產品的發行上市，既仰賴銷售，也仰賴評價。在發表產品的那天（甚至在更早之前），你就應該要盡可能取得線上的評價和見證，愈多愈好。要做到這件事，其中一個方法就是讓你的發行團隊事先取用產品。如果是書的話，可以先讓讀者試閱，接著，這些讀者會提早留下評論。在發表《讓可愛的錢自動滾進來》時，我就是這麼做的，在發行之前就取得了 15 則評價！當陌生人和路人看到我的書時，他們就會認為這本書是可信的。

　　在發行當日，鼓勵你的發行團隊在社群媒體上貼文，請大家給你評價。不僅如此，你也可以傳訊息給家人和朋友，讓他們知道發行日是哪一天，並告訴他們，如果他們去看看你的產品、留下評價的話，你會相當感激。我也私訊了我的 Facebook 好友和認識的人。我不擔心請人家評論，正是因為一開始大量湧入的評價，讓我的書表現得相當好。

　　你也要確保購買者會留下他們的評論。在你的課程或書籍後面放一封信，或是建立一個可供他們自願選擇訂閱的電子郵件表單，這樣你就可以觸及到所有購買產品的人，並向

他們提供最新消息。你也可以建立自動化的行銷電子郵件，在他們購買產品的一週之後，自動提醒他們留下評論。

 ## 發行之後

整體而言，你的目標是讓產品盛大成功地發表，並且能更進一步銷售。發行應該要能夠啟動一股衝力，好讓你接下來可以持續吸引並維持新的顧客。如你所見，這種被動收入流需要大量的前期投資，一旦發表產品之後，就得開始讓一些行銷工作到位了。你可以自己來，或是僱用專門做社群媒體行銷的人員，讓這個被動收入流變成真正的被動。

 ## 結論

我熱愛授權金收入流，這是最酷的被動收入點子之一。**這種收入不需要前置的金錢投資，這點很棒，意思就是任何人都可以做。**不過，授權金的金流確實需要在前置期投入時間，不只是花時間打造和創作商品，也要花時間行銷和發

行。然後，在第二階段，你就可以放鬆往後一躺，只要付出最低限度的努力和時間來進行行銷活動，以維持收入流。若要在授權金的被動收入上取得成功，需要投入大量時間、懷有決心、懂得行銷，而我真心相信任何人都做得到。

　　授權金收入相當美妙且有成就感，所以我才這麼熱愛！你創造的是某個人需要的產品或服務──也就是會幫助到某人的意思。沒有什麼比填補市場需求與幫助他人更令人興奮的事了。

　　接下來，我們會看到一種完全不同類型的被動收入。這種收入的前置期會需要可觀的金錢投資，但完全不需要額外的工作或是時間投入，這會是我們討論到的被動收入中，最被動的一種！

第 3 篇

投資組合收入

13 投資組合收入：基礎

 ## 投資組合收入是什麼

　　我們來到了最被動的收入流之一，也就是投資組合收入。如同之前提過的，投資組合的收入是來自股息、利息、投資和資本利得。要創造這種被動收入流，最基本的前提就是要擁有一大筆可投資的錢，然後靠著利息或是股息的收入過活。投資組合收入所需要投入的東西，跟時間密集的授權金收入恰好相反：它需要錢。

　　投資組合收入是一條非常棒的被動收入流，因為在第二階段不需任何工作。然而，要產生投資組合收入，首先你需要相當大的資本額。在第一階段，你要做的只是將你的資本拿去做適當的投資，然後這些資本就會立刻開始產生收入了。**投資組合收入就是大家口中說的「讓你的錢動起來！」或是「讓你的錢替你工作！」。**

　　以下快速複習一下股票市場的術語，我在《讓可愛的錢

自動滾進來》中對於基礎投資談得比較詳細，如果你是徹頭徹尾的新手，我強烈建議你從那本書開始。

股票（Stock）：擁有一家公司一部分的所有權。購買一家公司的股票，你就會變成股東。

指數股票型基金（Exchange-Traded Fund, ETF）：不同的股票組合形成的基金。指數股票型基金的交易就跟股票一樣，但所需要的錢比共同基金少得多。

債券（Bond）：債券代表的是債務。一家公司或是一個個體可以用債券的形式向你借錢，並支付你利息，而你就是債權人。

定期存款（Certificate of Deposit, CD）：一種儲蓄型帳戶。你同意將一筆錢存入銀行，並且在一段時間內不去動用它，以換取利息。

股息（Dividend）：公司從其盈餘中分出來，用來支付其股東的錢。股息會定期支付，通常是按季來分期。

股息殖利率（Dividend yield）：股息的費用占股價的百分比。例如，股價 20 美元，年股息 1 美元的話，就意味著股息殖利率是 5%。

資本利得（Capital gain）：股票或是投資的增值（價值增加）。對於我們大部分關於被動收入的討論來說，這個

詞不太重要，但了解一下這些術語之間的差異還是有用的。

 ## 為什麼要有投資組合收入

讓我們用 SCRIMP 五要素來分析一下投資組合收入：

擴張性：不適用。

掌控度及限制：低。股票和股息完全看股市和公司表現，一家公司的表現如何，你完全無法掌控。債券價值也會隨著利率波動，這也不是你有辦法控制的。

投入資本：大量的金錢，不需要時間。若要從股息和利息滾出足夠的金錢，你通常會需要一筆可觀的資金。

市場性：不適用。

被動性：高。這條收入流完全不需要任何工作來維繫，投資組合收入是最被動的一種收入流。

在投資組合收入的類別裡，你可以透過股息、債券、利息來賺取被動收入，這些是基本的。或者，你可以更進階一點點，投資 P2P（Peer-to-Peer）網路借貸、業主有限合夥（Master Limited Partnerships, MLPs）、不動產投資信託（REITs），或是房地產眾籌（Crowdfunded Real

Estate）。我會一一說明每種投資組合收入運作的方式，此處先從基本的選項開始，接著再深入更進階的選項。

 ## 股息收入

一般來說，像你我一樣的人在投資股票的時候，我們會想要從「資本利得」和「股息」上賺到錢。資本利得是指我們用一個價格購入股票，等待股票上漲，再用更高的價格賣出。這是個不錯的一次性生財工具，對吧？如果你聽過「當日沖銷交易者」或是「當沖客」（day-trader）的話，這些傢伙成天做的就是這件事。

為了達成本書的目標，我們不會希望整天都在工作，或只是賺取一次性的利潤。我們比較有興趣的是從股息中賺取持續性的收入，股息是定期分發的，所以我們是從這兒賺取被動收入。

但是，要小心，並非所有股票都會支付股息。最簡單的分辨方法，你猜對了——去 Google ！我剛剛 Google 了「Apple 股票」，然後在搜尋結果裡看到股息殖利率是 1.31 ％，[31] 所以，很顯然，Apple 股票會支付股息。當我

Google「Netflix 股票」時，看不到殖利率；所以，在我寫作的這個當下，Netflix 不支付股息。

數學迷，換你上場了。這裡有道數學題等你來做：如果你花了 50,000 美元，投資 Apple 股票，殖利率是 1.31％，那你每年賺到的股息是多少呢？

A. 6,550 美元

B. 655 美元

C. 65.5 美元

正確答案是 B。現在，我要向所有被勾起數學課回憶的人致歉。

股息殖利率愈高→風險愈高→報酬愈高→賺的錢愈多。比起購買微軟公司殖利率為 1.46％的股票，[31] 購買新創公司殖利率為 8％的股票會相當吸引人，但是風險也相對高很多。因為微軟是一家非常大的公司，也存在一段時間了，名聲也很穩固；另一方面，我們對於一家新創公司的了解就少得多了。很多人都說 50％的公司會在創立的 5 年內倒閉，[32] 這是投資新創公司風險較高的原因之一。**風險高，報酬的確也高。**你要為自己決定承擔多少風險是最理想的。

　　投資單一殖利率股票的另一個風險是，如果那家公司翻船了，你就會失去你投資的錢。如果你在 2008 年投資了雷曼兄弟（Lehman Brothers），屬於那些運氣不好的人之一，你可能損失了很多的錢。

　　若你不喜歡跳傘或是高空彈跳帶來的刺激感，那你可能會比較喜歡股息投資中風險較低的選項：投資高殖利率的指數股票型基金（ETF），不再把你的錢放在單一一支股票上。ETF 讓你可以一次投資各種不同的股票，技術上來說，你會擁有各個不同的殖利率，但是 ETF 會幫你把全部都結合起來。你可以 Google「殖利率 ETF」，去看看我說的是什麼意思。先鋒集團❺ 提供了一些最好的基金組合（我超愛先鋒，因為他們的手續費很低，而且我要聲明，他們可沒付我錢！）。採用 ETF 而不是單一個股，你就可以分散資金，而不會把雞蛋放在同一個籃子裡，這是分散風險的基本前提。

　　請容許我再算一點數學，你馬上就會看到，如果你拿到的殖利率是 4%，你需要投資多少錢。如果你投資 10,000 美元，那你每年會賺到 10,000×0.04 ＝ 400 美元，或者說，每個月 33 美元。我知道這筆錢微不足道，這就是為什麼賺取

---

❺　譯注：Vanguard，美國最大的資金管理公司之一。

投資組合收入的前提是，你得要有一大筆資金的原因。讓我
們再試一次，舉例來說，用 250,000 美元當作我們的投資金
額，有了 250,000 美元的投資，你每個月會賺到 833 美元，
好多了，這個數目可以支付某些人貸款或是房租的很大一部
分了。

　　我們這樣看好了：你至少要投資多少錢，賺取的股息才
夠支付年度開支？

　　首先，想想看你每個月的生活開銷。你每個月的生活
開支需要多少錢？在心裡訂個數字，然後乘以 12，得出年
度開支。現在，用下方的算式來決定你需要投資多少錢，以
4%的殖利率來算：

一開始的投資額＝年度開支／ 0.04

　　如果你的年度開支是 24,000 美元（我已聽到豪宅區的
人出聲嘲笑我了），那你需要投資 60 萬美元。如果你的年
度開支是 50,000 美元，就需要投資 125 萬美元。哦，真是
太棒了！就讓我把多出來的 100 萬美元投入股市，然後就可
以退休了，哈！（技術上來說，你還會需要更多錢，因為還
要把稅算進去。）

　　你在前置期所需要的金額是取決於殖利率。如果你的年度開支是 24,000 美元，而你的殖利率是 2%，那你需要投資 120 萬美金；如果你的殖利率是 6%，你會需要 40 萬美元。殖利率愈高，需要投資的錢也愈少。不管你用什麼方式計算，你都需要很大一筆錢，才有辦法成功。

　　目標是仰賴投資組合收入過活而退休的人，花了 40 年的時間試著累積大筆金錢，這聽起來是不是很熟悉？這就是儲備金理論！我們現在要做的可不是這個。要如何快速攢到 50 萬或 100 萬美元？這方面，我沒有任何想法，所以對我與其他多數人來說，這條被動收入流已經超過可能實現的範疇了……至少目前是這樣的。但是，這仍能用來補貼你其他的被動收入流，在 5,000 美元的月收入之上，再加上 500 美元的百分之百被動收入，也是很不錯的。

　　另一個選項是，稍微晚一點再轉換到這個特定的被動收入流上。舉例來說，我擁有出租用的房產，並且在未來 5～10 年內，我會靠著這些不動產建立起相當的股本。我的計畫是最終售出這些房產，然後把新資本投入更被動的收入流裡。在我看來，投資組合收入是最棒的被動收入流之一，因為它是真正的被動，你一根手指都不必動一下，你的錢就在替你工作了。

債券收入

　　債券一直以來都被退休人士和投資者用來產生收入。再說一次，債券是一種借貸，而你就是債權人，你可以借錢給公司、個體或是政府，作為交換，他們會支付利息給你。債券就是這樣子，酷吧？這些利息會成為你的被動收入流。

　　事情是這樣的，假設你買了新發行的債券 1,000 美元，也就是說，你同意把你的 1,000 美元借給一家公司，以換取利息收入。每張債券都有一個票面利率，我說的可不是每次在家居用品連鎖店中消費都會給的那種 8 折券；如果談的是債券，票面利率指的就是殖利率。

　　假如你那張 1,000 美元的債券每年會付款 2 次（每半年），每次 10 美元，所以，每年你總共會收到 20 美元的利息。如此一來，你的殖利率是 2%，這跟我們剛剛討論過的股息殖利率是類似的。票面利率會告訴你，債券的收益有多少。如果你還沒對代數感到厭煩的話，上述的數學是這樣算的：

　　票面利率＝年度支付額／債券票面價格

　　　　　＝ 20 美元／ 1,000 美元

　　　　　＝ 2%

　　債券的票面利率在發行時就已定好，而且不會改變。如果在上述情境中，這是一張 30 年期的債券，那你每半年就會收到 10 美元的利息，整整 30 年。

　　讓我跟你說說關於債券的幾件事。債券可能令人感到既複雜又困惑，但我需要再多解釋一點，好讓你理解為什麼它們是熱門的投資項目。我們要談談債券的票面利率與市場利率之間的關係。

　　票面利率一開始是怎麼決定的呢？當新的債券發行時，所開出的票面利率通常都跟當時的市場利率一樣或是很接近。你知道自從 2009 年後，利率一直都超級低的嗎？意思就是，在那之後發行的任何債券，票面利率可能都很低。

　　1980 年代時，市場利率超級高。在 80 年代有段時間，你如果不接受 15％或 16％的利率，就拿不到房屋貸款。乘著當時各地高市場利率的勢頭，票面利率也居高不下。

　　想想看，若是 15％的票面利率，一張 1,000 美元的債券，每年的利息收益會有 150 美元。如果你在 1982 年有 50,000 美元可以投資，去購買新發行的債券，那就可以保障自己每年有 7,500 美元的收入，超瘋狂的！

　　然後，事情發生了變化，利率下降了。在過去 10 年中，各地的利率都處於歷史最低點。這就是為什麼你不再看到債券受讚揚，卻開始聽到股票和 ETF 受到讚揚的原因。利率很有可能會再度升高，但重點是，利率低的時候，新發行的債券利率也會很低。

　　債券價格、票面利率、市場利率等等，還有一大堆其他策略。**到目前為止，我所提及的，只適用於當你購買新發行的債券，並持續持有，直到票券到期時。**如果你在到期之前，就在二級市場裡賣掉了債券，那麼你的投資可能會有所損失或是有所利得。我不會深談這個部分，因為我們對債券的興趣只在於定期的利息收入，而不是短期買賣。

　　關於債券，還有另一件有趣的事是你應該要放在心上的，就是通貨膨脹。我們生活的世界裡，每年通貨膨脹都會讓物價和服務的價格上漲一些些，但是債券利率並不會上漲，票面利率一旦定了，就是定了。你收到的 20 美元款項，就是 20 美元；在第一年看起來很吸引人的款項，15 年後經過通貨膨脹，再回頭看可能就會大有不同。

　　還有，跟股息一樣，你可以投資債券型 ETF。這有點難懂，因為債券型 ETF 的交易是像市面上的股票那樣，但卻是投資在債券上。這種 ETF 會用股息的方式支付利率，就像股

票一樣。對於那些寧願一次性投資在一大堆不同的債券上，而不是親自一一挑選的人來說，這也是一種選項。

 ## 利息收入

接下來，是索然無味的利息收入——這是最好懂，也最容易開始的。

想想看你的支票帳戶或是活期儲蓄帳戶，很可能只有0.01％的小額利息，但你仍然收到利息了。你的錢正在替你工作。

現在，你可以把錢放在高收益的線上活期儲蓄帳戶，這賺得比支票帳戶多太多了。2019 年，許多這類型的帳戶都提供了 2％或是更高的利率。

由於支票帳戶或是活期儲蓄帳戶的利率如此之低，你甚至還需要更多資本，以產生有意義的收入。如果你放100,000 美元在戶頭裡，賺取 2％的年利率，那你每年賺到的利息是 2,000 美元。儘管對於我們大部分的人來說，很難依靠利息收入來生存，但它依然算是一種被動收入。

產生利息的另一個選項是定期存款。定存有點像某種

活期儲蓄帳戶，但你不能動用裡面的錢。如果你決定把錢交給銀行，並且在某段期間內不去碰它，那麼你可以拿到稍微高一點點的利率。這段期間可能是半年、一年、兩年，或是十年。

　　下一章，我們會看看能夠產生投資組合收入的進階方法，包括 P2P 網路借貸、業主有限合夥、不動產投資信託，以及房地產眾籌。

14 投資組合收入：進階

如果你想要將投資組合收入更往前推一步，看看下列的進階選項。

 P2P 網路借貸

我們有另一個會產生利息的選項：P2P 網路借貸。一般都會認為，比起單純產生利息的帳戶，P2P 網路借貸的風險更高，也更複雜。因此，這就是我把這個選項併入進階投資技巧的原因。

P2P 網路借貸運作的方式是，當某個人需要借錢時，他沒去找銀行或是其他金融機構借錢，而是把這筆貸款外包給一般大眾。此處說的並非向你的朋友或家人借點錢，而是真正正式的線上平台，讓放款人和借款人可以聚在一起，促

成借貸。任何人都可以上去借錢，任何人也都可以在上面借別人錢，像你我這樣的放款人可以選擇要資助哪一項貸款，就像借朋友錢那樣。如果借款人不履行債務，你就要冒著投資損失的風險，但一般來說，你會拿到比支票帳戶和活期儲蓄存款帳戶更高的利率。借貸俱樂部（LendingClub）和 Prosper 是兩個熱門的 P2P 平台，有興趣的話可以去看看，在美國不是每個州都能使用，你可以前往確認自己是否符合資格。

 ## 業主有限合夥

我奉行一個鐵則：絕對不要投資自己不懂的東西。聽起來很合理，對吧？

作為一名作家兼財金導師，我也避免去教我自己不完全理解的東西。業主有限合夥（MLPs）不是我精通的項目，但仍屬於各種不同類別的被動收入中的投資組合收入。我在當財務顧問時，一次都沒用過、也沒學過這一項投資，事實上，從我為本書所做的研究來看，MLPs 經常被誤解或誤用，你要小心謹慎地利用。

MLP 是一種商業風險投資,也是一種利用股票來交易的投資項目,我只會解釋最外面這層的一切是如何運作的。大部分的 MLP 事業都是屬於能源、天然氣和自然資源的領域,一家 MLP 會有一名普通合夥人(general partner)、一名或是多名有限合夥人(limited partner)。有限合夥人是投資人,也就是像你我這樣的人會在股票交易中購買單位股票;投資人會定期從 MLP 收到配息(distribution),這就是你的現金流和被動收入。

MLP 的收益大部分都是稅收利益的形式,穩定且持續的現金股息,再加上具吸引力的殖利率。

如果你對 MLPs 感興趣的話,請向一位對此種特定類型投資很有經驗的合格專家諮詢,不要自己在家裡嘗試。

 ## 不動產投資信託

我太愛這個寶貝了!不動產投資信託(Real Estate Investment Trust)的縮寫 REIT,要讀成「reet」。它結合了兩種我最愛的被動收入:租金收入、投資組合收入。REITs 就像是你和出租型物件的一位中間人,REIT 擁有一組

會產生收入的不動產組合,而你可以對其進行投資,然後就可以賺取這些房產所產生的收入,很棒吧!

　　這項投資的好處是你不用直接做那些工作,**你不必去尋找、投資不動產**,或是找到好的承租人、維護房屋。你只要投資 REIT,來換取一份收入。

　　美國國會在 1960 年代創造了這個意外好用的工具,人們不必擁有大筆資金去購買房地產,就能有機會去投資會帶來收入的房地產。(這是少數大家同意政府做得很好的事情之一!)投資房地產,卻又不必投資房地產。嘿,不錯吧!

　　除了不用去做持有房地產所需的一切工作(很棒的獨特優點)之外,REITs 也提供了分散投資、流動性和稅收利益。

　　就分散投資而言,REITs 不會把所有錢都放在單一的出租型房產上,而是把許多人的錢放在同一個池子裡,以維持一個由不同種類房地產所構成的組合:獨立住宅、集合住宅、居住用房產、商用房產,只要你說得出來,通通都有。你可能會發現,有些 REITs 只集中在居住用房產上,但這依然是投資了很多不同的居住用房產,而且不僅只是在一座城市裡的單一一處房產。此處談的是一個大池子裡的錢,對你來說,這意味著分散投資的組合,意思就是財務風險較低。投資指數型基金比投資單一股票更安全,也是出於同樣的原因。

　　跟傳統的房地產投資不同，REITs 還具有流動性，如果你想要賣出，只要在股票交易所賣掉你的持股就行了。但另一方面，如果你想要擁有一處房地產，從尋找經紀人、列出房地產、找到買家、看房、簽約等等，可能就需要半年的時間。REITs 的流動性是一項很大的優勢。

　　作為稅捐轉付的實體，REITs 還有稅收利益，讓它們可以把更多的收入分發給股東。根據規定，REITs 至少要把 90％的應稅所得作為股息發出，但是要小心，因為依據 REIT 分發股息的方式不同，你可能會以原本的所得稅率被課稅，而這會是個顯著的劣勢。

　　整體而言，REITs 是很棒的投資選項！

 ## 房地產眾籌

　　說到房地產眾籌，就得來看看 Fundrise 平台。Fundrise 提供 eREIT 選項，這跟 REITs 相當類似。你可以把 Fundrise 的 eREITs 想像成是一種房地產的眾籌平台，最主要的差異在於——選擇 eREIT，你是直接投資實體的不動產，而選擇 REIT，你投資的是一家管理房地產組合的集團。使用

Fundrise，你會擁有較高的透明度，可以更清楚你到底投資了什麼。eREITs 並不會被公開交易，所以流動性比 REITs 低，你只能透過 Fundrise 來買賣，意思是若要贖回你的股份以及變現，可能會需要一個月以上的時間。因此，我只有在長期投資時，才會推薦 Fundrise。

出於玩玩看的心態，我在 Fundrise 平台投資了 5,000 美元作為測試。我認為滿容易操作的，而且看見它將我的錢投資到 48 個具體計畫裡，感覺很有趣。當我的投資組合購得新的計畫時，Fundrise 就會通知我，例如某一個位於洛杉磯的商辦裝修案。在試了一年的水溫之後，我把投資的金額調得更高了。

截至我寫作的這個當下，在額外收入方案（Supplemental Income Plan）上，我預期今年能賺到 7.7％的報酬，顧問費也很合理，在我寫作的今年度只要 0.15％。除了 Fundrise 以外，還有其他房地產眾籌平台，但 Fundrise 似乎是其中最熱門的。對了，順帶一提，親愛的朋友，我幫你拿到了顧問費的折扣，你可以在本書的加碼禮物中找到：www.moneyhoneyrachel.com/bonus。

無論是使用 REITs、房地產眾籌或是其他任何投資，都一定有風險。如果 REIT 的表現不佳，或是投資組合管理得

不好，你可能會損失你的錢。

我依然認為直接擁有房地產是最棒的被動收入流之一，但對於那些還沒完全準備好的人來說，REITs 與房地產眾籌是很美妙的選項。

 ## 投資組合收入的缺點

投資組合收入在被動性上近乎完美，但這些被動收入流沒有一個不帶風險。投資組合收入有一個重大的風險──股市衰退的時候，你的資本會賠光。

2008 年的經濟大衰退對美國人來說殺傷力極大。即便分散了投資組合，大家還是損失了大把大把的鈔票，而且在這麼多年後，至今還是有人仍在試著彌補這些損失。

對於美國人而言，2000 年的網際網路泡沫化也頗具毀滅性，還有 1990 年代早期波斯灣戰爭所導致的經濟衰退、1980 年代早期的伊朗／能源危機、1970 年代中期石油危機所造成的衰退……你看出來我想說什麼了嗎？股市和美國經濟是循環性的，經濟衰退不是「會不會發生」的問題，而是「什麼時候會發生」的問題。

　　如果你把錢放在股市裡的時間夠長，那麼你的損失只會是帳面上的。你在賣出之前，不會「真的」賠錢，要等賣出股票的時候，才會坐實你的損失。因此，在股市低迷時，繼續持有股票而不是賣出股票，你比較有機會補償損失。因為要是樂觀看待的話，有下跌則必會有回升。如果你讀過我寫的《讓可愛的錢自動滾進來》，就會知道投資只適合長期投入。你要確保自己有足夠的時間，可以弭平損失、重回高峰。

 結論

　　投資組合收入是我最喜歡的被動收入流……如果我有足夠的錢。這是唯一一個真正百分之百被動、不需要投入任何工作的被動收入流，你不必管理任何人、不必向任何人行銷，只要把它放著就好了。但是，當然了，投資愈安全、愈簡單，收益也就愈低。

　　若要賺到足夠的錢、可以養家活口的話，你動輒就需要好幾十萬美金，甚至是百萬美金，而大部分的人都沒這麼多錢（我也沒有），這就是為什麼我現在從投資組合而來的收

入並不高的原因。如果你負擔得起,這會是你所能找到最容易的賺錢方法了,一根手指頭都不必動一下。

如果你想要的是手上的工作較多,但所需投入的金錢較少的選項,那麼下一種被動收入可能會非常適合你!

第 **4** 篇

投幣式機器收入

15 小型投幣式機器的收入

投幣式機器是什麼

在所有的被動收入流中，投幣式機器可說是最特別、也最有趣的一種了。

當你想到投幣式機器時，你會想到什麼呢？或許你想到了下列項目的其中之一：

- 自動販賣機
- ATM
- 遊戲機台
- 自助洗車機
- 自助洗衣機
- 吃角子老虎機

投幣式機器可以是任何自動提供服務並以此換取金錢的機器。這台機器不必真的吃硬幣，很多投幣式機器也接受信用卡或是電子支付，但這個名稱已經固定下來了。這些機器全都是自動化的，只有在使用者付錢時才會運作，也就是說，這些機器是「計次收費」。

舉例來說，一台 ATM 就是一種投幣式機器，在你需要的時候提供現金，以此換取費用；戶外自動洗車機則是一種非常大型的投幣式機器。

所以，要怎麼從投幣式機器上賺到錢呢？我們用自動販賣機來當例子。當然，你注意到了，辦公室大廳裡的那台自動販賣機，一條星河（Milky Way）巧克力棒比外面雜貨店的貴了 1.5 美元。為什麼會有這筆額外的費用？因為「方便性」，他們知道可以說服你把錢掏出來。在那些因為低血糖而引發恐慌的時刻，當你不想開車到最近的加油站，而且想要方便迅速地拿到一條巧克力，你會願意多付一點錢的……或者至少我會願意，如果我非常想要的話！（我會被花生 M&M's 說服。）

事情是這樣的，那些自動販賣機是屬於某個人的。有人讓你可以用最尊榮的價格，輕易買到零食和汽水，他就會因此獲利。這些機台的主人可能用每瓶 1 美元的價格買進汽

水，然後跟你收 2.5 美元，從中獲利。

要維護自動販賣機很容易，機主最主要的工作就是補貨，確保存貨充足，而且每週只要巡一次就好了，或者也可以外包出去。

其他種類的販賣機也行得通：女廁裡的女性衛生用品販賣機、迪士尼樂園裡的紀念幣壓印機、泡泡糖機等等。

想像一下你擁有一個完整的投幣式機器系統，像是一家自助洗衣店、自助洗車場，或是吃角子老虎機。你建立好一個空間、投資機器，然後就可以放手，讓大家付錢來使用了。這門生意需要更多主動的工作，可能也會需要保全或是保全系統，但邏輯是一樣的。

 ## 為什麼要擁有投幣式機器

我們會用 SCRIMP 五要素來權衡投幣式機器的利與弊。

擴張性：低。投幣式機器只能設置在實體店家，當你在當地電影院裝設了一台遊戲機時，你的市場就僅限於那些身在電影院的人了。你會受到地理位置的限制，一位住在亞洲的人不會有辦法玩到你位在紐澤西的那部遊戲機台。你不能

在線上擴張這門生意。

掌控度及限制：中。你擁有中度的控制權，並受到商業規範與當地法律的限制。如果是一台零食自動販賣機，你可以控制要放在哪裡以及產品的價格。假如你把它擺在複合型大樓的大廳，但這棟大樓要歇業了，那你可以選擇把機器移到新的地點。吃角子老虎機受到的限制就比較多了，但如果是遊戲機台或是洗車機器，大部分都還是在你的掌控之內。

投入資本：不一定。若你走的是單一機器的路線，那麼你的投資可能是幾千美元，再加上一些時間的花費。但如果你想要開設自助洗車場，那完全是兩碼子事，這會需要相當龐大的資本投入，要建立起這門生意也需要很多的工作投入。

市場性：不一定。在一台早已存在的 ATM 旁邊設置另一台 ATM，不會是你最好的做法，因為已經有其他的供給者了。你會需要做些功課，看看你所提供的東西，是否存在相應的需求。如果你那個州的每一間公廁裡都已經有了女性衛生用品的販賣機，你就不能踏入這門生意。

被動性：不一定。單一一台販賣機需要主動做的工作不多，然而，若是投幣式的企業生意，像是自助洗衣店，就會需要營運管理；在這點上，可能就會變成主動收入的類別，

但還是要看你是怎麼建立你的生意的。

根據 SCRIMP 五要素，整體來說，跟整套機器系統比起來（例如購買一家自助洗衣店或是自動洗車場），單一機器（例如購買一台或是數台零食販賣機）似乎是較好的被動收入流。

 ## 如何設置投幣式機器

我會向你一一說明六種主要的投幣式機器。

為了讓你比較好消化（也因為我是一個超級系統化的人），我把投幣式機器分成兩類，第一類是小型投幣式機器：自動販賣機、ATM，以及遊戲機台。在這個狀況下，「小型」的意思是：如果建築物內只有單獨一台的話，是相當正常的。這些較小型的選項可說是比較被動的，我們等等就會來談這些機台。下一章中，我們則會仔細審視第二類，大型投幣式機器：自動洗車、自助洗衣，以及吃角子老虎機。這些機器需要的資本經常會高出許多，而且有個風險，可能會變成是在經營一家公司。

自動販賣機

　　若要開始自動販賣機的生意，有個基本的前提是：做市場研究、找到地點、跟場地的擁有人訂出一份協議、購買並裝設機器，然後開始有營收。你的利潤會是營收減掉那些購買產品的費用，以及其他一切的開銷。你，或者是你僱來的某個人，每週都要去補貨，並收回鈔票和硬幣。

　　我很愛這個商業模式，因為相對單純又直截了當，而且長期來說，需要投入的時間會是一樣的。你可以理解這需要一點時間來設立，還需要一些錢來買機器；但是，你可以選擇每週花上幾個小時來補貨，或者把這個工作外包出去、付錢請別人來做，並把這份收入變成完全被動的。

　　地點、地點、地點。創立自動販賣機的事業，最重要的步驟就是選地點，對所有的投幣式機器來說，這一點是最重要的。成也地點、敗也地點，所以你必須做功課，並好好選擇。你要問自己一個重要的問題：「對這個地點來說，哪種販賣機會是最合理的？」或許你想找到一間很大的健身房，裡面有一個美輪美奐的大廳，但是，汽水在這裡真的會賣得好嗎？

　　儘管自動販賣機可以提供非常多不同種類的產品（糖果、飲料、食物、三明治、零食、女性衛生用品、保險套等等），但為了不要把事情複雜化，從現在開始，我會就飲料和零食來討論，你只要知道你可以用任何其他種類的販賣機產品來替換就好了。

　　首先，也是最首要的一點，研究一下你那個地區對於自動販賣機有哪些法律和規範，聯絡當地的商業協會，或是上網查查該地區的小型企業規範。在你做更多之前，先了解哪些能做、哪些不能做，這一點相當關鍵。

　　一旦你釐清了上述規範，就開始列出所有可能的地點。想想看學校、公司、辦公大樓、圖書館、社區型公寓、健身房、室內網球場或足球場、俱樂部會館等等。事前，你會花很多時間去勘查，意思就是打電話到各個地點，以取得更多資訊並向他們提案。你要向他們說明，為什麼跟你合作裝設自動販賣機，對他們來說是有好處的。你會支付一筆佣金給這個場地，以換取他們把房地產「租」給你用。你可以事先估計，大約需要支付場地所有人 10 ～ 30％的營收。

　　在你鎖定好場地，並且把市場需求摸個透澈之前，不要購買任何設備或機器。你要先跟建物或是社區大樓的所有人簽下一紙合約，上面列出所有條款，並且跟他們談個幾次，

理解他們最想要或最需要什麼樣的飲料和零食。

　　以飲料和零食的販賣機來說，在選擇要提供哪些產品時，你需要考慮這四大關鍵領域：

1. **價格**：產品的價格一定要有競爭力，不然就賣不出去。如果顧客可以走到隔壁的加油站花 1.25 美元買一條巧克力棒，而不必買販賣機裡一條 4 美元的同樣產品，那麼你可能會失去一些基礎客群。（小提示：在研究地點的時候，要確認隔壁有沒有加油站。）你可以做些功課，去看看該區域內自動販賣機的產品定價，以得知一般的價格是多少。要先保守預估，之後再微調。

2. **品牌**：基本上，一定要提供可口可樂和百事可樂。提供一些大家聽都沒聽過的汽水品牌，可能不會太好賣。你要堅持採用眾人熟悉的良好品牌。

3. **混搭**：你要提供哪些產品？巧克力棒？檸檬汁？薯片？你會需要做些功課並實驗看看，以知道大家最想要什麼。這可以幫助你決定要設置飲料販賣機、零食販賣機，還是兩者都要。

4. **營養價值**：這一點離不開混搭，現代社會的趨勢顯然

朝向健康飲食發展，因此，除了垃圾食物之外，還要
多提供一點健康的零食，像是杏仁和花生，這可以吸
引到更多顧客。

等你決定好了地點和機器的種類，下一步就是要尋找
並購買機器。若想找到自動販賣機，可以是一個動動手指
的簡單動作：線上搜尋。你將會感到驚訝，光是在 eBay、
Craigslist 和 Facebook 市集的平台上，就有超級多種選擇，
UsedVending.com 也是一個很棒的資源。

自動販賣機有很多種：散裝商品自動販賣機會一把一把
地分售泡泡糖和其他零食，這一台可能是幾百美元。機械式
機台是最常見的辦公室販賣機，如果買一台新的，要價可能
是幾千美元。電子式機台則更貴，如果有觸控螢幕和電子支
付的話，要價也會更高。

當然，你可以買一台全新的機器、擁有最新穎高級的科
技，但這可能會超級昂貴，還有，到底有什麼是這種機器能
做到，但舊式機型做不到的呢？花錢的時候保守一點，買一
台較便宜的二手機器，基本上一定會是比較好的做法。你要
有心理準備，一台好的二手販賣機可能要花上 2,000 美元左
右。

　　既然我們談到錢了，讓我們在這裡先暫停一下，來演練一下這個情境，算算投資報酬率（Return on Investment, ROI）。假設你買了一台 3,500 美元的自動販賣機，平均來說，一個產品賣 2.5 美元，若一週平均會賣出 50 件商品（大部分的自動販賣機可以填裝 300 件商品），那麼一週的營收就是 125 美元，一個月平均會產生 500 美元的營收，一年則會有 6,500 美元（125 美元 × 一年 52 週＝ 6,500 美元）。

　　假設每個產品的成本是 1.5 美元，或者算成是每週花 75 美元購買產品。然後，如果瓦斯和其他費用每週要花 15 美元，所以每週的總花費是 90 美元；整年下來就是 4,680 美元。

　　意思是，你每年賺到的利潤是 6,500 − 4,680 ＝ 1,820 美元。若要計算投資報酬率，就要把年淨利除以初期的投資額：1,820 ／ 3,500 ＝ 52％……這超級高！投資報酬率是 52％耶！一般來說，當我們談到股市，我們用的數字是 8％、10％、12％。投資 3,500 美元，產生 1,820 美元，這相當壯觀呢！現在，你終於能理解為什麼這會讓人如此興奮嗎？

　　顯然，這是一個經過簡化的例子，現實生活中，你的數字會有所不同。你可以做出一些自己覺得舒服的假設，並試

算幾種不同的情境。如果你找到一個絕佳的地點，價格上也有競爭力，那麼你很有可能可以賺更多；或許你每週可以賣出 200 件商品，或許每件商品可以賣 2.75 美元。而且，如果你有很多台自動販賣機，就可以看到利潤快速堆積起來。

朋友，在你開始走上這條路之前，你需要先整理出一份商業企劃書和財務分析表。你要問自己一些問題，像是：如果這台販賣機要花 X 美元，那要花幾個月的時間才能把這筆投資收回來？這是一場數字的遊戲，如果在最一開始的時候，數字就已經行不通了，那你真的會虧錢。要確定你已經從財務的角度，確切地釐清了怎麼做才會成功。

你要買產品放進你的自動販賣機裡，你可以研究看看有哪些批發商或是經銷商販售你需要的產品，目標是盡可能以最低的價格買到商品。另一個很好的選擇是從山姆會員商店（Sam's Club）或好市多購入產品，這兩間店家通常都會提供優惠價格給大量採購者。

等你開張之後，通常每週要「服務」你的機器一次，包含補充商品、補充零錢、把機台的正面擦乾淨等等。如果你的機器只收信用卡，就不必補充零錢。

若要開始做這類型的生意，我推薦你走 DIY 路線，意思是自己一一學會所有的細節和來龍去脈：購買自己的機台、

找到自己的地點。如果想開始著手進行，這會是最便宜的辦法。這需要時間上的投資，因為你得要熟悉工作內容，而且你需要很會銷售自己的產品，也要很會協商。最終，你不只是在學怎麼經營自己的生意，也會對這筆生意在財務上有著相當專業的了解。

另一個選項是購買一條現有的販賣機鏈或是販賣機公司，你所在的地區可能會有自動販賣機的擁有者想要賣出機器。假設這是一門有獲利能力的生意，這可能是進入這門生意較簡單、但花費也較高的一種做法。這會讓你省下自己一一尋找並購買機器的時間，也可以省下找地點的時間。

你或許會在線上找到許多公司，其唯一目的就是要幫助大家建立起自動販賣機的生意。離他們遠一點，他們會賣一堆不必要的東西給你，從軟體到最新型的科技，再到你其實不需要的全新設備。如果你去 Google 一下，就會看到很多人都做過自動販賣機的生意，然後虧了錢。這些人並未好好做功課、研究地點，而且常常一開始就一次投入太多錢。我在 Quora 網站的討論串上看過有人貼出這樣的內容：「我在 20 歲出頭的時候，做過自動販賣機的生意，虧了一大筆錢（30,000 美元）。一部分是因為我跟一家專門行銷和銷售自動販賣機的公司購買了新的機器。」[33]

如果你的專業知識充足，也很精明，那你就可能會成功，而這可以是既被動又具有獲利能力的。

 **ATM**

你去過肯塔基州的著名賽馬場丘吉爾唐斯（Churchill Downs）嗎？你曾有過這種經驗，想要在賽馬的時候下注，手邊卻沒有現金嗎？我有過這種經驗。站在你最喜歡的、只收現金的墨西哥玉米餅攤前面，身上卻只帶了信用卡，你有什麼感受？你是否曾經支付過 ATM 手續費，只為了要拿到現金？我相信你一定做過。

那筆 ATM 手續費到底是誰拿走了呢？這筆費用是付給三方不同的人士：ATM 的擁有者、ATM 場地的擁有者，以及 ATM 的處理商。ATM 的擁有者（假設這個人就是你）會服務這台機器，用現金填滿這台機器，而作為交換，只要有人領錢，就收取部分的 ATM 手續費。既然場地擁有者允許你把 ATM 放在他們那裡，他們也會收到費用的一部分，通常他們每筆交易會收到 0.5 美元，可能更多，也可能更少。ATM 的處理商是處理 ATM 以及文件作業的公司，讓 ATM 得

以運作；他們通常都是收取固定的費用，但為了簡化說明，此處先假設每筆交易你要付他們 0.25 美元。

ATM 的手續費平均來說是 3 美元，你的利潤是 3 美元減掉要支付給場地擁有者的 0.5 美元，再減掉付給 ATM 處理商的 0.25 美元……所以你還剩下 2.25 美元。假如一天有 6 個人用這台機器，那你一天的利潤就是 13.5 美元，這樣每個月會有 405 美元進帳！如果你考慮到時間成本、燃料成本，以及其他一切成本，假設剩下的是 350 美元。但還是……我的老天啊！

ATM 的生意跟自動販賣機的生意很像：你得要思考地點、調查並研究當地法律和條文、寫出商業計畫書，以及財務分析等等。

主要的不同之處在於，這台機器填充的是現金，不是汽水或巧克力棒。要用現金填充機器的話，這可是一大筆金錢投資，你得要自己提供這筆資金，其中要有比例合宜的 1 美元、5 美元、10 美元、20 美元等等的鈔票。從你那台 ATM 提領出的每一塊錢，最後都會從顧客的銀行帳戶退還給你，但在一開始，你還是會有一大筆現金開銷，每個月至少要放 2,000 美元到機器裡，而這 2,000 美元都會退給你；你賺到的利潤是顧客使用機器的費用。

購買一台 ATM 的花費從 1,000 ～ 10,000 美元不等，有幾百個網站都在販售和出租新舊 ATM，只要快速上網搜尋一下，就會獲得許多選擇。

在計算投資報酬率時，你不該把事前需要的 2,000 美元現金算進去，因為這筆錢會全額退還給你，但你應該計算你需要投資多少錢。如果你買了一台 5,000 美元的機器，並填充了 2,000 美元現金，那麼若要開始這門生意，你會需要 7,000 美金。

讓我們用上述例子來算一下：若你每個月賺 350 美元，那一年就是 4,200 美元。若要計算投資報酬率，就要把前期所有開銷都算進去，但要記得扣掉那筆 2,000 美元的現金支出。在這個案例中，將 4,200 美元的年收益除以機器的花費 5,000 美元，得出 84％的報酬率，哇！即便你每個月的收入只有 100 美元（一年 1,200 美元），而一台機器 5,000 美元，報酬率還是有 24％！

這聽起來很容易，但事實上，要進入這門生意的門檻和限制相當高。因為要找到一個好地點極為困難，如果真的這麼容易的話，大家早就在做了，對吧？大部分值得營運的地點都已經有自動販賣機或是 ATM 了，市場已經相當飽和。然而，基於以上的數字，你可以看到，如果你真的找到一個

好地點，將會帶來多麼豐碩的成果。你需要有耐心，在找到你的目標之前可能得花上好幾個月。這跟房地產有點像，在理想的房產出現之前，我等了 9 個月，但等到它真的出現時，我立刻進場，並賺了一大筆錢。自動販賣機與 ATM 也頗為相似，想要找到完美的機會都必須花點時間。

就像自動販賣機的例子，先把這道數學題做好，把數字算出來。不要指望理想或完美的情境，要用相當保守的估計值，才能讓你的機器最終獲利能力比你想像的更好。

 ## 遊戲機台

你們之中有些人可能會反對：「遊戲機台的生意怎麼可能是被動的？」

請聽我說。我說的不是要開一家獨立的電子遊戲場，這不只是不被動而已，我也不相信這樣的市場還存在。再說一次，我今年 27 歲，而我已經 20 年沒去過這種遊戲場了。

我說的是在已經存在的店裡，擺設幾台遊戲機。我家附近有一家電影院就是這麼做的，電影院大廳有一塊小小的區域，擺放了一些遊戲機台。那麼，還有哪裡會行得通？保齡

球館、室內運動場、日間托育中心、家庭餐廳，或是任何以年輕人的娛樂和樂趣為導向的地方，都有可能。

你可以用思考自動販賣機的同樣方式來思考遊戲機台。你可以在哪裡裝設一台、兩台或是五台遊戲機台？或許是一間已經存在的店面，而且交通方便，讓你可以在目標市場中取得領先。

如果你可以先做做腦力激盪，並開始跟店家溝通，那麼遊戲機台跟自動販賣機的運作模式是一模一樣的。你需要投資幾千塊美元購置設備，然後跟場地的擁有者分享營收；你每週都得去服務這些機器，收集零錢並擦拭乾淨。

就像其他投幣式機器一樣，設置遊戲機台事前需要大量的時間，也要做很多功課。大家真的會去玩嗎？最受歡迎的遊戲是什麼呢？你要怎麼確定你的機台或是遊戲不會過時？你要收多少錢？

我的說明變得愈來愈短了，因為整體而言，投幣式機器的運作方式都一樣。如果你理解了某一個類型的投幣式機器運作的方式，那你就會了解其他投幣式機台是怎麼運作的。

遊戲機台也可以做財務分析和報酬率的計算，你可以算出一天會玩幾場遊戲，每次價格是多少。你要用保守值來估計，算出你最初的投資額以及持續性的費用，再看看在數字

上是否可行。

　　總體來說，擁有一兩台小型投幣式機器可能不會讓你有辦法就此退休，但是，擁有一大堆這種機器就有可能了，要是再搭配其他被動收入流，就確定可以讓你退休了！

16 大型投幣式機器的收入

我們已經準備好要來談大型投幣式機器了：自動洗車、自助洗衣，以及吃角子老虎機。這些通常需要更多的資本，也存在著變成一家店的風險，但它們依然可以是被動的。

 ## 自動洗車場

有人像《絕命毒師》的主角一樣遇到中年危機嗎？效法你心中的那個華特・懷特（Walter White），並開始自動洗車場的事業……但請遵守法律。❻

---

❻ 譯注：《絕命毒師》（*Breaking Bad*）為美國電視影集，講述一名化學教師華特・懷特因感到生活困難，轉而投入製毒並開啟犯罪生涯的故事。

自動洗車場是個大工程，需要很多錢，從責任和金錢上來說，風險也大得多，而且很難找到好地點。在我把你徹底嚇跑之前，我得先說，這對於某些擁有一筆錢、已經確認市場有所需求，並深諳商業之道的人來說，依然可能是個相當美妙的選項。如果你建立了**一家**成功的自動洗車場，賺到的錢就足以讓你完全退休了。本書中大部分的點子都需要倍數擴張，或是與其他被動收入流相互組合，才能達成每個月 10,000 美元被動收入的成績。

就像自動販賣機和 ATM 一樣，自動洗車機不會真的自動靠自己成功。一切都關乎地點、地點、地點，你要先做功課，開車出去看看，自動洗車機都放在哪邊？是門庭若市，還是門可羅雀呢？你要去了解，大家在下雨天後、車子髒了，會選擇去哪些地方清洗。你要決定在你的城市裡，哪裡是第一名的熱門地點，讓你可以設立新的自動洗車場。

你不只要在地點上做功課，也要研究當地的法律和規範、保險需求、許可和證照。開一家新的洗車場需要投入大量資本，你不只需要購買或租用土地，也需要投資洗車機本身，這得花上好幾萬美元。

既然我們現在關注的是被動收入流，因此我們目前討論的是一家全自動洗車場，就是那種駕駛可以暫時停靠、搖下

車窗，在一台小小的機器付錢之後，進入洗車機裡，洗完後就離開。這種生意不需要任何員工，老闆要付出的努力也不多，你常常會在雜貨店或是加油站旁邊看到這種設施。

這類的大型生意會需要一定程度的持續性行銷。大家要怎麼聽說有你這家洗車場的存在？他們為什麼要來你這裡？你要怎麼把口碑散播出去？你可以考慮辦一場盛大的開幕式，而且你需要透過廣告來建立客戶基礎。

為了預估總額，你可以找這些人合作：（一）商業地產經紀人，幫你找土地；（二）建設公司，他們會提供搭建任何東西的報價；（三）當地的設備經銷商，以進行比價，一台單道自動洗車機，可能要預先投資 40,000 ～ 100,000 美元。國際洗車組織（The International Carwash Association）也是一項很好的資源，可以讓你理解一切所需的資訊，從洗車的趨勢到聲譽良好的供應商，通通都有。

有一點值得我再重複一遍：在追求這些風險投資之前，你都需要一份全面且細緻的商業企劃書和財務分析。**在完全理解初期全部的投資額、持續性支出以及預期收益之前，你一分錢都不該投資**。如果你不聽從這個建議，那就是勢在必失，而且會虧掉一大筆錢。

一家洗車場，可以是一個相當具有成長性的事業，需要

投資大量時間及資本。在第一階段，也就是一開始的 6 ～ 12 個月，可一點都不被動。正如同我們所知的那樣，被動收入流需要前期的投資，等你讓這些東西上了軌道，接著才會變成被動的。如果洗車場的生意很好，那麼等一切都上了軌道，就可以變得相當被動。需要持續進行的工作包括行銷、補充清潔劑和補給品到機器裡，而這些都可以外包出去。

 ## 自助洗衣店

幾年之前，我認真考慮過要開一家自助洗衣店。當時我還不知道被動收入有這麼多種，但不知怎麼的，我有了開設自助洗衣店的念頭，並且對此深感興趣。

你可以把自助洗衣店變得相當被動。你可以開一家店，讓大家自行使用機器，並按次收費；你可以安裝保全系統，也可以僱用現場員工。理想上，等你把一切都設置妥當之後，就可以撒手不管、等著收錢就行了。如此被動地營運，可能同時需要前置的時間和資本的投入，也需要請一些幫手，好讓你本人不必在現場。

自助洗衣店跟洗車場在設立和投資方面很類似，你需要

找到一塊土地、一棟大樓，以及相關的設備。商用洗衣機是很昂貴的，若要讓整棟樓配備有 30 台、甚至更多台機器，所需的花費可不是筆小數目。

你可以從頭開始打造你的洗衣店，或者，你也可以購買一家現存的洗衣店。創立一家店所需的花費不等，範圍也很廣，要視洗衣店的規模、設備、地點以及其他因素而定。我所能提供的最佳價格範圍，是介於 200,000 ～ 500,000 美元之間，但是，如果你有這麼多錢，幹嘛不使用投資組合收入就好了？（如果是我的話，就會這樣做！）

你有幾項不同的獲利方法：來自洗衣機本身的按次收費收入；消耗品的費用，例如洗衣精和烘衣紙；如果客人不想用現金付費，而選擇用信用卡或金融卡付費的話，跟他們收取的手續費等等。你甚至可以結合不同的投幣式機器：在洗衣店裡安裝一台自動販賣機或是 ATM。你可以僱用一名員工，提供付費的現場摺衣服務；只要你想得出點子，可能性就是無限的。

倘若業主經營得好（或者是業主擁有好的經理人），位於一處獲利能力強的地點，也很會行銷，一切都照顧得宜、清潔乾淨，就可能享有 35％的淨利率。意思是，如果每個月的營收是 30,000 美元，你的利潤就會是 30,000 美元的

35％，也就是 10,500 美元，其餘的 19,500 美元則是投入開銷內。

如果情況正好相反，那你可能就會深陷債務、連月虧損。你的生意成功與否，取決於你所做的功課、你的商業企劃書，以及最重要的──你自己。開設一家洗車場或是洗衣店，賭的不是別的，正是你自己和你的能力。

那些沒有這麼一大筆錢的人，或是正在想著能否小規模經營這門生意的人，可以想想看在宿舍裡裝設洗衣機……那也是個好點子！你不必購買土地或是大樓，只要有設備就夠了；若要裝設洗衣機，可能需要花費 2,000 美元在洗衣機和烘衣機上。學生每使用一次，就付 1.5 美元（洗衣加烘衣是 3 美元），而住在宿舍的學生們加起來，平均每天用 3 次，那一天就是 9 美元，一個月就是 270 美元，一年則超過 3,000 美元！當然，還得扣除一些持續性支出，包括部分的水電費，以及支付給大學的各種費用，但投資報酬率依然高得不可思議。

通常，大學宿舍都已經跟洗衣廠商或是企業簽好協議了，但你可以發揮創意，你可以聯絡當地的地主，在社區型公寓、宿舍或是健身房裡裝設幾台洗衣機。你可以開始列出一張清單，包含區域內各個公司和家庭式複合型房地產，並

開始打電話聯絡他們,這麼做對你來說不會有什麼損失。你可以給地主一些分潤或是租金,好讓他們同意你把洗衣機放在他們的大樓裡。健身房、室內游泳池,或是其他可能需要淋浴和換衣服的場所,都值得一試。

在一間營運中的店家內設置幾台洗衣機,花費可能會少很多,或許會少個幾千美元。這是超級被動的收入,你唯一需要做的就是去收回硬幣(或是請人幫你收),或者你也可以乾脆避免使用現金,購買那些接受信用卡付費的機器。你現在應該可以理解為什麼這是最被動的投幣式機器之一了。

自助洗衣的生意有多被動,取決於你設立的方式。但如果要變成最後可以完全放手不管的生意型態,那可比你想像的還要難,所以要小心!你不會想讓這變成主動收入的。

 ## 吃角子老虎機

在美國,吃角子老虎機甚至不是在每個州都是合法的,就算在有些州合法,這個玩意兒也受到極端嚴謹的審查和法律限制。你必須要紮紮實實地取得證照,而這可能得花上好幾年的時間。如果你感興趣的話,我強烈建議你跟一位律師

合作，以確保自己不會一不小心就做了什麼違法的事。

　　現在，有趣的免責聲明結束了。在很多方面，吃角子老虎機的生意都與其他投幣式機器相當類似：高度依賴地點、需要做大量市場研究；而且，絕對需要事前的商業計畫書與財務分析。跟遊戲機台一樣，吃角子老虎機的服務需求很低，一般來說，你只需要過去看看、收收錢就行了。

　　有鑒於賭博是門很難對付的生意，而且我個人對這門生意也沒有經驗，所以我就在此先打住了。你需要考慮很多重要的規定，例如要有辦法限制只有成年顧客才能使用。你可能還要把部分的利潤分出來，交給州政府與場地的擁有者。

　　如果你對這個點子感興趣的話，我建議你好好做功課，去尋找擁有吃角子老虎機、能夠當你導師的人。

 ## 結論

　　用投幣式機器賺錢的點子是無限多的。我在此只提到幾種比較主要的機器，但你到處都看得到投幣式機器，例如很多城市裡都有的出租型腳踏車或電動機車，如何呢？以 Bird 公司為例，Bird 的存貨是好幾千台機車，遍布全美各個城

市。如果你在人行道上看到一台 Bird 機車停在那裡，你只要下載 APP 並付款，接著就可以啟動機車，騎著它去你想去的地方。這個點子超棒，讓大家在市中心可以輕易移動，Bird 機車就是一台投幣式機器！如果你想到這類型的東西，並實際創造出來，那你這輩子就生活無虞了。

就像其他任何型態的生意一樣，投幣式機器的被動收入流可以讓你賺到錢，也可能讓你賠錢。任何投資都有風險，我們對這種被動收入流的目標，就是盡可能減少風險，以便成功地為自己創造出這項收入流。

你在閱讀上述內容的時候，可能已經注意到一件事，就是你可以做很多事情來降低風險。首先，你可以做大量的市場研究，直到你感覺不到任何「如果……會怎樣」、「但是」或是任何的猶豫。

在做任何事之前，都要先把數字算過一遍。你的生意獲利能力有多好，在這方面，你應該要有一些預估值，假設是 X、Y 和 Z，你事先就該知道每個月會賺多少錢、有什麼風險和機會。在所有的估算上都要保守一點，算算看最糟狀況下的數字是多少，然後問自己：「如果利潤最後是這樣，我會後悔嗎？」

你要確保自己符合規範，研究一下當地的法律、規章、

商業條例、許可證、執照、保險，以及區塊劃分。

　　你要堅持下去、認真投入。你的能力有多強，投幣式機器的表現就會有多好；你要像專業人士一樣去經營這份事業，不要偷懶。如果你成功了，長期來說，這可能會是一條特殊、有趣又持久的被動收入流。我的意思是，誰不想要從遊戲機台或是泡泡糖機上賺到錢呢？你會讓很多人的生活都更加快樂！

　　到目前為止，我們討論了授權金收入——需要投入大量時間，但只需少量或不需要金錢；還有投資組合收入——需要投入大量金錢，但不需要時間。投幣式機器則是介於兩者之間，你需要投資一些時間，也很可能至少要投入幾千美元的資本額。這種被動收入流可以超級有趣又有利可圖，而且你想要多麼被動，就可以多麼被動。

　　接下來，我們還有另一項有趣又好玩的被動收入流，需要投入不少時間……

第 5 篇

廣告與
電子商務收入

17 廣告和聯盟行銷的收入

 廣告和電子商務是什麼

　　本篇會包含幾項獨特的被動收入流，以廣告、電子商務和直運為中心。

　　廣告是日常生活中相當微妙的一部分，每次你購買了一樣東西、點擊一個連結，或是在線上看了一支影片，就會看到廣告。聯盟行銷的連結會把流量導到一個產品上，並且在產品售出時抽取佣金、賺取收入。每當有人投放贊助廣告，讓自己出現在最上方的搜尋結果上，Google 就會收到錢；主持 Podcast 的人會從整段 Podcast 裡的精選廣告中賺到錢；如果有廣告主付錢給 YouTuber 投放廣告，YouTuber 就會賺到錢。這些方法並不是都很簡單，也不是對所有人來說都適用，但我會向你們說明，讓你們知道自己可以利用其中的哪幾項。

　　電子商務指的是任何線上的商業交易，在商業交易的大項目裡，我們會具體討論到直運的魔法，這會讓你稍微回想起第 9 章屬於授權金收入之一的隨需印刷。關於販賣產品，一般來說你會擁有實體商品，然後在線上的介面銷售。然而，直運的神奇之處在於你不用負擔庫存，而是向第三方購買商品，或是將商品存放在第三方那裡，並直接從第三方那裡運送給客戶。直運讓電子商務變得簡單、流暢且被動。

為什麼要做廣告和電子商務

　　我們來看看廣告和聯盟行銷的 SCRIMP 五要素：

　　擴張性：高。廣告和電子商務都是在線上進行。

　　掌控度及限制：低。你得仰賴廣告主、依靠可能不歸你所有的線上平台與第三方賣家。

　　投入資本：要有心理準備會投入不少時間，有時候還會有小額資本投資。

　　市場性：不一定。如果你找到一個很獨特的產品，填補了需求，而且沒什麼競爭對手，那市場性就很強。

　　被動性：廣告和直運在某些情況下都可以是很被動的。

如何做廣告和電子商務

　　我們可以把這類型的被動收入分為三個主要的領域：聯盟行銷、廣告和直運。首先，我會針對聯盟行銷和廣告做進一步的說明：它們是什麼、怎麼運作，以及你該如何開始。下一章，我們會檢視直運。

 # 聯盟行銷

　　聯盟行銷竄紅得很快，具體的運作過程是這樣的：假設我跟 Facebook 某個社團裡的人互動頻繁，我們會在社團裡向彼此推薦好看的服裝品項。如果我想要跟大家分享一件很可愛的夏季洋裝，而因為我跟販售洋裝的公司有份協議，所以我張貼的是一個特別的連結，叫做推廣連結（afflliate link），藉此來跟大家分享這件洋裝。假如有一個人透過我的連結購買了這項產品，那我就會收到營收的一小部分（通常都只有幾分錢）。

　　聯盟行銷臭名昭著，因為張貼這些連結的人，通常都不會表明這些連結是什麼東西、是怎麼運作的。那些透過這個

連結購買產品，卻對於這筆買賣有人會分一杯羹毫不知情的人，覺得這種連結很狡猾、不公平也不道德。如果大家不知道一個人之所以在線上貼出一項產品，是因為他真心喜歡這個產品，還是因為他成了聯盟的一部分、只為了賺錢，那就會是個問題。

你經常可以看到，名人向自己那 200 萬名追蹤者貼出一個推廣連結，就可以快速賺到一筆錢。網紅與知名人士愈來愈常被大家要求，要是收了錢才貼出某些東西，就要揭露這項事實。事實上，社群媒體平台和網站必須採取嚴厲的措施來應對這些連結的使用問題，而線上使用者也變得愈來愈厲害，愈來愈常把這些連結抓出來。如果有人選擇透過你的連結來購物，那麼你應該要揭露自己會因為他的購買而賺到錢。給你一個提示：去查查美國聯邦交易委員會的執法原則，確保自己在張貼推廣連結時是誠實、透明且「不具」誤導性的。

對於那些已經擁有自己的平台、追蹤人數或是大量線上人脈的人來說，聯盟行銷會相當有效。如果一位女士擁有一個專門在講鞋子的部落格，就可以張貼鞋子的推廣連結，藉由推薦一個甚至不是她自己的產品，就能輕鬆賺進大把鈔票！這種廣告形式相當俐落高明，而且是任何人都可以做到

的，你不必擁有大量的追蹤人數，你甚至不需要網站和部落格；任何擁有社群媒體帳號的人，都可以張貼推廣連結讓親友使用。

　　我有一個很有創意的朋友，創立了一個 Facebook 社團，就只是為了做聯盟行銷！她在亞馬遜上找生意，使用的是亞馬遜聯盟行銷（Amazon Associates），她會在社團內分享產品，任何時候只要有人買了某樣商品，她就能賺到一點小錢。

　　除了亞馬遜聯盟行銷之外，你還可以去看看其他網站：ShareASale、Affiliate Window（Awin）和 MaxBounty。如果你還不確定要怎麼找到推廣連結，只要想想看你想宣傳什麼產品，然後上 Google 搜尋「（某產品或某品牌）聯盟行銷計畫」，接著就看看搜尋結果會出現什麼。

　　那麼這到底有多被動呢？等你建立起一些追蹤人數、賺到一些錢之後，要怎麼維持這份收入，而且又不用主動參與這門生意呢？這就比較困難一點了，而這一個被動收入的點子可能會讓我惹禍上身，因為有些人會覺得不夠被動。有個簡單的解法，就是請一個人來繼續尋找並張貼連結，向追蹤你的粉絲行銷並宣傳你的部落格或網站；但他們要怎麼依照你的方式繼續經營你的平台呢？他們很難抓到你那種具有吸

引力又特殊的個人特質和語氣。因此，若你希望這份收入是被動的，那就需要一個作戰計畫，在過程中僱用一些寫手和撰稿人。

　　另一個想法是，你可以事前計劃好，在社群媒體上排程貼文。你可以騰出一些時間，每週花幾小時撰寫幾則貼文的草稿，裡面包含著這些連結，然後在設定的日期再自動張貼出去。如果這可行，而且你每個月花在維持這份營收的時間是 10 小時，那我會說這是相當被動的。

　　你可能不會立刻就看到營收數字，在這門生意真的開始有所成長之前，你或許需要花上 18 個月、每月 30 小時工作，但月收入卻只有 300 美金。一定要有很多人都透過你的連結去購買產品，才會產生有意義的營收。想要建立起大量追蹤人數，會需要時間——好幾個月，甚至好幾年；這一項被動收入非常需要前置時間的投入（而不是資本）。

廣告

　　另一個產生被動收入的方法是投放廣告，廣告需要的追蹤人數比聯盟行銷更多、參與度也更高。這是因為，投放廣

告意味著你必須要有一個地方可以放這些廣告，像是部落格或網站；並不是社群媒體上隨便哪個人都可以決定要開始創造廣告營收。

如果你已經擁有自己的平台或是追蹤人數，那我就假定你已經理解了這些事情：關鍵字、把流量導進自己的網站，以及搜尋引擎最佳化（Search Engine Optimization, SEO）。下一步就是要透過收費廣告，從你的平台賺到錢。

廣告的外觀和尺寸有百百種，你需要決定哪種是最好的廣告。可能是網站頁面上色彩繽紛的橫幅，也可能是夾在內容裡的文字廣告，有些還可能是在頁面側邊那種中尺寸的圖片。小心不要在你的網站頁面塞滿過多廣告，因為這對瀏覽網頁的人來說非常掃興。

Google 是目前最大型的廣告公司之一，幸運的是，他們讓經營部落格和網站的人很容易就能透過 Google AdSense 跟他們合作。Google AdSense 讓網站擁有者與部落客可以在自己的網站上放廣告並收費，Google 會替你找到廣告主，幫你跟那些本來就與你的關鍵字有關聯的廣告配對。這對你來說代表什麼意思？意思是，你可以放手不管。Google 不是唯一一家會幫你引介廣告的公司，你還可以去看看 infolinks、media.net、Chitika 和 BuySellAds。

　　一般來說，你的收費依據是點擊次數、銷售量或是瀏覽量。舉例來說，聯盟行銷只有在有人點擊你的連結並購買的時候（就是銷售量），才會付你錢；其他廣告則是根據這三種方式的其中一種來付費。

　　舉例來說，假設你有一個部落格，每個月有 10 萬人次的瀏覽量（小提示：這樣的瀏覽量是很高的，而且需要花很多時間來建立）。假設你可以預期，這些訪客當中有 1% 的人會在你的網站上點擊一個連結或廣告，那總共就是 1,000 人。如果這支廣告每次點擊就會支付 0.01 美金，那總共就是 10 美金；假如這支廣告每次點擊會支付 1 美金（這個費率太高了，不太可能），那總共則是 1,000 美元。你現在應該可以理解為什麼你需要一個很大的平台和許多廣告，才能產生有意義的實質收入。這也就是為什麼只有那些已有大量追蹤人數的人，才應該追求這一條被動收入流。

　　困難的地方依然在於，要怎麼把這變成一條被動收入流。持續在部落格寫文章或是生產網站內容，這一點也不被動，甚至需要大量的工作；但如果你經營得夠好，而且氣勢如虹，就可以往前更加推進，你可以開始外包，縮短你花在這門生意上的時間，讓它變成被動的。為了讓你設想自己的可能性，來看看下方的案例分析。

兩則案例分析：查薇・阿加瓦、巴比・霍伊特

查薇・阿加瓦（Chhavi Agarwal）是「達庫太太的工作室」（Mrs. Daaku Studio）的創立者，這是一個關於線上賺錢與遠距工作的部落格。查薇原本是一位律師，後來成為部落客，現居印度。

查薇：「（身為律師）我的工時非常瘋狂，讓我沒有時間可以把注意力放在家庭、嗜好或是旅遊上。這令我有所感悟，讓我想要朝向不受地點拘束的生活邁進。被動收入的想法是會讓人上癮的！」

2018 年，查薇開始寫部落格，她最初的目標是賺到 100 美元，並達成 10,000 人次的瀏覽量。她很快就達到這個目標，而且，目前每個月還會穩定地從「達庫太太的工作室」賺到 3,000 美元的收入，這個過程總共只花了一年。她的長期目標是讓收入成長，如此一來，她和先生就可以去旅遊而不必工作了。她預計每週花 10 小時左右工作，每個月收入是 10,000 美元。

查薇表示，一開始，建立部落格並不被動：「寫部落格要花時間，在看到成果之前，得投入大量的工時。但是，在幾年之後，大部分的東西都會被動地運

作。你在睡夢中也可以賺錢！我知道有一些部落客每個月賺的錢多達 100,000 美元，其中的潛力大到令人難以置信！」

對於想走上這條路的人，查薇有什麼建議呢？「現在就開始去做吧！」同時，她也推薦你去上一些課，她自己沒這麼做，但後來覺得這是個錯誤。去上專家開的課，這會讓你從一開始就能確定自己做的每件事都是正確的。

查薇：「被動收入和寫部落格不是想像中的童話故事而已，是真的！去讀讀更多資料，然後試試看。」

你可以去看看查薇的部落格：www.mrsdaakustudio.com，也可以在社群媒體上追蹤她：

Facebook：www.facebook.com/mrsdaakustudio
Instagram：www.instagram.com/mrs_daaku
Twitter：www.twitter.com/Mrs_Daaku

另外，還記得第 10 章中那個「千禧、金錢、男人」的巴比・霍伊特嗎？除了線上課程，巴比還有部落格和網站，他每個月會從網站上的廣告賺到 1,000 美元

以上的收入。他的網站是 www.millennialmoneyman.
com，而且這份收入是完全被動的。

巴比說：「這些會產生營收的內容都是我在幾個
月前就製作好的，**這份收入感覺起來是完全被動的。**
每個月都會有錢匯進我的戶頭。」

現在，他僱用了一個團隊與一些助理來持續製作
內容，以維持這份營收。廣告營收「可以」是被動的，
只是需要前置時間的投入。

＊　＊　＊

我已經講完了廣告收入的兩大領域，但不要把自己限縮
在聯盟行銷或是網站廣告上。開始觀察身邊的世界吧！你還
會在哪些地方看到廣告？你會在 Podcast 上聽到嗎？你有自
己的 Podcast 節目嗎？或是，你可以開始做 Podcast 嗎？你
會在 YouTube 影片裡看到廣告嗎？手機上的 APP 裡有嗎？
你有一個 APP 的開發點子嗎？你可以免費提供這款 APP，
並透過廣告產生營收嗎？你有著無限的可能性！

18 直運的收入——沒有庫存也能賣產品

我是在 MJ・狄馬哥（MJ DeMarco）的書《快速致富》（*The Millionaire Fastlane*）中學到直運的概念，滿分 10 分的話，這本書拿 10 分，我百分之百推薦這本書。

對於各式各樣的直運品項來說，Shopify 網站是個很棒的資源，網站上有很詳細的說明，解釋直運是什麼：

直運是一種零售的履約方式。店鋪不會保有其販售產品之存貨。當一家店賣出一件產品時，這家店會向第三方購入該品項，並直接運送到客戶手上。因此，這家店並不會看到，也不會處理到該產品。

直運跟傳統零售模式最大的差異在於，這家店不會囤積、也不會擁有庫存，而是依據需求，向第三方購得存貨（這個第三方通常是批發商或製造商）並履行訂單。[34]

傳統上，產品的製造和銷售會牽涉到四方人馬：

- **消費者**：以消費為目的購買該產品的人。你在 Gap 買牛仔褲的時候，就是一名消費者；你在亞馬遜購買包裝紙的時候，你也是個消費者。
- **零售商**：指的是銷售產品給消費者的單位。在上述例子當中，Gap 和亞馬遜就是零售商。
- **批發商或經銷商**：為了向製造商購買商品，零售商通常會透過一位中間人——批發商或經銷商。這兩者的運作比較模糊。
- **製造商**：實際製造產品的實體單位。美國的產品通常都是在中國或是海外其他地方製造的。

基本上，銷售產品的模式看起來像這樣：

製造商→批發商或經銷商→零售商→消費者

跟直運商合作的話，至少可以砍掉一到兩位中間人。如果你投入這門生意，你的工作就是讓消費者買到產品，接著，如果你可以找到一位做直運的製造商，就可以在你賣出

東西的時候，請他直接把產品送達消費者手上。你負責的是
促成銷售，製造商會做剩下的事情：

直運之製造商→消費者

狀況經常會是，大家最後是跟一位直運批發商或是直運
經銷商合作，中間少了零售商：

製造商→直運經銷商或批發商→消費者

**直運讓你能夠銷售產品，同時卻不用投資好幾千美元在
存貨上**。回頭想想第 9 章的隨需印刷 T 恤，兩者概念是一樣
的。聰明絕頂！可能有人會說，在技術上，隨需印刷其實就
是直運的一種！在你賣出產品、等消費者付款之前，都不必
購買產品並運送給他們。

既然你不必處理實體存貨，也就不必處理那些討厭又
煩人的事項，像是包裝和運送、找倉庫或倉儲空間來放置產
品、管理存貨等級、處理退貨，以及許多的經常性費用，還
有其他很多的工作事項。

你不只砍掉了事前的資本投資，還大幅降低了你的風

險。你不必自掏腰包，把好幾千美金都押在一個可能連賣都賣不掉的產品上。然而，也不是說建立這條被動收入流不需要任何資本，即便你是使用 Shopify，在第一階段的時候，還是需要時間，也可能需要一些錢來設立一個網站。除非你擁有軟體，也會寫程式，同時只打算花點小錢；千萬不要低估一個美觀的網站有多關鍵。

在直運的世界裡，競爭相當激烈，最難找的那片拼圖，就是會大賣的產品。你可以選擇這兩種直運的方式來販售產品。

- 與直運批發商或經銷商合作，販售現存的產品。
- 發明你自己的產品並製造出來，用直運的方式銷售。

這兩者之間的差異是相當關鍵的，因為第一種屬於較傳統的直運，沒那麼被動（有些人甚至會說一點也不被動），但如果你要理解為什麼第二種方式會比較被動、獲利能力也較高，你就需要知道傳統的直運是怎麼運作的。

與直運批發商合作，販售現存的產品

　　大部分的直運商都會採用第一種方法，他們會尋找、行銷並銷售已存在的產品。批發商會提供產品，直運商則行銷這些產品。跟批發商合作有好處也有壞處，不必處理存貨是很不錯的，但也意味著你必須仰賴批發商來管理存貨及運送，意思是，你的掌控權相對而言滿低的。讓別人處理這些事的話，也許會有出錯的可能，但最終這是你的生意，而你需要為其負責。

　　讓我們假設一些變數，來看看這是怎麼運作的。假設你在每個月能吸引 1,000 位訪客瀏覽的網站上販賣產品，現在先假定你的轉換率是 2%（轉換率就是實際購買產品的人數有多少），所以每個月 1,000 位訪客中，有 20 人會下訂單。如果平均一張訂單的價值是 50 美元，然後淨利率是 20%，每個品項的平均利潤就是 10 美元，而你有 20 個品項，那就是每個月 200 美元。每個月實際的瀏覽人次、轉換率、平均訂單價值以及淨利率，一切都可能更高、也可能更低，但這就是預估你可能會賺多少錢的方法。

在歷史上來說，批發商會從中國引入相當便宜的產品，但這得看目前美國跟其他國家之間的貿易協議如何。最近，有很多利潤都被吃掉了，讓直運變成一場以量取勝的遊戲。利潤低的話，就需要很高的銷售量，賺取的金額才能達到一個有意義的數目。

同時，因為啟動直運所需的資金很低，所以競爭也很激烈，進入這行的人通常都會盡可能壓低價格，以吸引到顧客。這意味著，為了競爭，你也必須壓低價格，但這就會導致利潤變得很低。

若要開始做直運的生意，完全得看你能不能找到一些現存的產品——是大家會想要、需要，或是能夠解決一些問題的產品。這可能很簡單，像是一個托特包、一件有質感的珠寶，或是一組複雜的監視攝影系統。

然而，若要開始「被動地」做直運的生意，則完全取決於你是否能找到一項獨特的產品，並且有著**長期的市場性**。通常，直運商會在最熱門的商品上大舉進攻，以此取得成功。如果這符合你的情況：你常常在研究最新的趨勢是什麼，有點像一位音樂家要固定發表新曲那樣。你猜怎麼著？這可不被動呀，朋友。

如果（這是個很重要的如果）你挖到金礦、找到了具有

持續性、會大賣的產品，你就有辦法壟斷市場，那麼這種類型的直運就可以是被動的。

當你心中有了一項產品的時候，你就可以做市場調查。要確保找到真實的受眾做測試，看看你的競爭對手是誰，並搞清楚該怎麼訂價，從這個時候開始，你需要找到一家願意跟你合作的批發商。若要找到一家做直運的批發商，你需要上網看看、購買供應商名錄，還要聯絡你的製造商，取得他的推薦。再說一次，做好你的功課。他們提供防治詐欺的相關措施嗎？他們為訂單投保嗎？他們可信嗎？他們能提供產品證明書給你嗎？他們的評價好嗎？

接下來：你要在哪裡賣你的產品？你可以用 eBay、亞馬遜，特別是 Shopify，提到直運，就**必須**去這個平台。Shopify 有一個服務叫做 Oberlo，會引導你建立起整個生意；他們讓這件事情看起來超級簡單，整個網站和設定都讓我無比驚訝。如果你沒有別的選項，那麼這是一個入門的好地方，可以回答你的問題。

若想進入直運這一行，你也可以直接購買一間直運的店家。我最近在線上讀到，有人用 8,000 美元買了一家 Shopify 的商店，並對這家店做了一些改善；現在，只需要極少、甚至是零工作量，每個月就會產生 2,500 美元的利潤。[35] 如果

你有錢並做好功課的話，這會是一個有趣的選項。

　　因此，您說得沒錯！這樣的直運**並非被動的**。上述的傳統直運策略，其機會每年都變得愈來愈少；這個市場已經飽和了，導致建立一家被動的直運商變得很困難。若想要更有效運用你的時間，你可以投資並創造你自己直運的產品。

 ## 發明、製造、直運你自己的產品

　　為了建立被動的直運生意，你需要一項具有長期市場性的獨特產品，那為什麼不發明你自己的產品呢？

　　有些人可能會爭論，比起傳統直運，發明自己的產品是否真的比較好或比較容易。如果你想發明一項產品並進行販售，你必須先取得執照、製作原型，並找到製造商，才有辦法在訂單進來時生產這項產品——這樣的製造過程稱為「接單型生產」（Made to Order）。這個過程很困難，而且開銷會比較大，況且，你要怎麼想到一個還不存在的東西呢？

　　如果你不認為自己是位發明家或是有創意的人，那就去找一個這樣的人，向他或她請益，或許這會有助於觸發你的想法；或者你可以提議跟他們合夥，並協助他們實現自己的

想法。想想看那些在日常生活中讓你感到困擾的事情，想想你可以如何改善它們。如果你在洗臉的時候，沿著手臂和手肘滴下來的水讓你覺得很煩，有什麼新產品可以解決這個問題？（沒關係，你把我的錢拿走吧！）

舉例來說，我最近參加了一場晚餐聚會，我在席間跟一對可愛的夫婦聊天。大約 15 年前，喬伊斯·米勒（Joyce Miller）請她的先生比爾（Bill）幫她做一個爐面的蓋子。她很不喜歡浪費廚房中島上的表面區域，而她想要的是一個簡單的平面蓋子，不只會比較美觀，也能讓她在流理台上擁有更大的工作區域。比爾是位工程師，他們兩人交換了一些條件，替她組了一個東西出來，接著，他們舉辦了一場晚餐派對。在派對上，他們的客人對這個東西讚不絕口，紛紛說著自己有多喜歡、也很想要一個！喬伊斯和比爾開始接受訂單，他們找到一家按合約生產的當地製造商，可以生產這個爐面蓋，並開了一家公司。到目前為止，他們的營收已經超過 500,000 美元了！（你可以上網去看看他們獨特的產品：www.cooktopcover.com。）

要想出一個從來沒有人想到的東西可能很困難，但成果確實會相當豐碩，此外，改善一個現有的產品也是可行的辦法。這跟傳統直運的運作方式一模一樣，除了一點：你可以

完全掌控這項獨特的產品，因為這是你發明的。若要開一家
店，你會需要做這兩件事的其中一件：

- 找到一家接單型的製造商，他們同時也願意做直運。
- 找到一家製造商與一家直運批發商，而他們願意跟你
  以及你的產品合作。

　　直運的生意成功與否，其核心在於你是否擁有一個非常
棒、具有市場性、可填補需求的產品。接著，就是找到可以
生產或供應的人，並建立你的線上平台，以帶來銷售。

 ## 結論

　　對於已經擁有平台，或是那些很懂得運用網路，並且
有意冒險進入電子商務世界的人來說，聯盟行銷、廣告以及
直運都是很棒的被動收入流。如同其他一些收入流，你想把
它們經營得有多被動，就能多被動。你必須致力於創造廣告
或是電商的營收，並將其設計成最終可以完全外包出去的工
作。這會需要時間來打造，也需要時間好讓這股氣勢不間

斷；但是，可以用少少的工作來創造出持續性的收入，這種機會很令人興奮。你的終極目標是僱用一位社群媒體經理或助理，來處理這門生意中大部分的面向，如此一來，這份收入就會是盡可能被動的。

　　我還有一種被動收入要介紹給你，而且你很幸運，我把最精彩的留到最後。想了解我最喜歡的一種被動收入流，以及為什麼我認為每個人都應該追求這個目標，就繼續讀下去吧！

第**6**篇

租金收入

19 租金收入——人人都適用

 ## 租金收入是什麼

　　終於！我們成功來到了我最喜歡的一種被動收入：租金收入。

　　當你擁有不動產，並把它租出去的時候，就會產生租金收入。最常見的一種租金收入是來自於出租型房產——你擁有一棟房子、三拼式住宅、公寓大樓或是辦公大樓，出租給房客使用。你購買這個房地產，支付貸款及其他費用，然後把它租出去，而且租金要夠高，足以產生可接受的、有獲利能力的現金流。

　　你也可以很有創意地出租倉儲空間、多餘的客房、停車位來賺取租金收入，你還可以出租你的車，讓人家放廣告在上面（這是真的）。

　　上述這些點子都屬於「直接」租金收入的類別，你也可

以透過不動產投資信託或是 Fundrise 這類平台,「間接」
產生租金收入,我們在投資組合收入的章節已經討論過了,
但我接下來還是會稍微提一下間接的租金收入,並談談為什
麼我認為直接的租金收入更好。

 ## 為什麼要有租金收入

讓我們根據 SCRIMP 五要素來分析一下租金收入:

擴張性:低。就像投幣式機器一樣,租金收入是實體
的,你得擁有實體的不動產。你可能會被限制在所處的地理
區域,也可能不會;但是,想要從擁有一套獨立房舍,迅速
變成擁有 10,000 個出租型不動產,還滿困難的。租金收入
的擴張性並不太高。

掌控度及限制:中。你對於自己的不動產有完整的控制
權,只要合法的話。舉例來說,你不能違反當地的法令,或
是把一個不付錢的房客踢到大街上。房客是一種相當大的負
擔和責任,你無法控制他們會如何行動、會不會付租金,或
是他們會如何對待這個不動產。

投入資本:不一定。大部分的人都認為購買出租型房產

需要一大筆錢，但這不一定是對的；你可以選擇先存一大筆錢，或者也可以試試別的方法。投資房地產還需要事前的時間投入，要找房子、買房子、裝修，還要找到好房客。

市場性： 如果你的出租型房產有競爭力的話（在價格上與房屋狀況上），就會租得出去。

被動性： 高……假設你有一位不動產管理人的話，而這是**非常重要**的一個假設。產生租金收入的終極目標是僱用一位不動產管理人，如此一來，你就不用主動管理這些出租型房產了。**如果有不動產管理人的話，租金收入是非常被動的**；沒有的話，你可能就得當個全職房東，而這可不好。

 # 間接租金收入 vs. 直接租金收入

首先，快速複習一下不動產投資信託和房地產眾籌的優點，兩者都提供了間接的租金收入。關於這兩項各自是什麼東西以及其運作的方法，請回去看第 14 章投資組合收入的進階部分。

雖然這些間接的投資屬於投資組合收入，但還是值得跟實體的房地產投資做個比較。首先，間接租金收入的啟動資

金需求可能比較低；比起存到足夠的錢去支付出租型房產的頭期款，將少量的錢投資於不動產投資信託或是 Fundrise 平台（最低金額是 1,000 美元）則容易得多。

此外，間接的不動產投資可以讓你分散資金：分別將一點點錢投資於很多不同的不動產上，而不是將大筆資金投注於少數幾個不動產上。不過，風險比較低，報酬也會比較低。

對於間接型的不動產投資，由於你並不是主動參與這些出租型房產的管理，所以你的掌控度會比較低；你只是一位投資者，事先投入資金罷了。從另一方面來看，間接的租金收入是完全被動的，不需要任何管理或是時間投入。直接的租金收入，如果沒有聘請不動產管理人，你還是需要做一點工作；如果有的話，需要的工作就更少了。

不管是直接還是間接的租金收入，都免不了有許多優缺點，我個人依然認為直接的租金收入大獲全勝，我之後會解釋原因。某些人則會強烈地認為，對於自身處境來說，間接租金收入的選項好多了。這也很棒！我認為最重要的是，不管用哪種方式，都要投資房地產。

如何擁有直接租金收入

現在，讓我們繼續往下說，來看看直接的租金收入，若要賺取這種租金收入，你必須實際擁有一處出租型房產。直接的租金收入有各種方式和規模，你可以使用 Airbnb 或是 Vrbo，每次只把房產租出去幾天或是幾週，賺取短租；也可以把車庫或是儲藏空間之類的地方租出去；甚至還可以把車子租出去，變成可以放廣告的空間。如果你思考的格局再大一些，那你可以購買車庫或是貨倉，然後把它們租出去。此外，還有傳統、長期的出租型物件投資，可能是一般住宅（例如一棟獨立的房舍）或是商業大樓（譬如會租給企業主或是公司行號的辦公大樓）。

讓我們一個一個來看，仔細說明其中的訣竅。

使用 Airbnb 或是出租度假用的房舍，跟投資傳統出租型房產的運作方式完全一樣，只是比起傳統一年期的租約，這種租約的時間比較短而已。短租現在有滿多限制的，全球很多城市規定要有許可證才能經營 Airbnb，但很酷的是，只要你拿到規定的許可證，並在對的區域購入房產、遵守當地法規，那麼只要擁有房地產，你就可以被列在 Airbnb 上面。你甚至不需要把整間屋子都放上去出租，你可以在週末

時提供一間多出來的寢室，或是在你知道自己不會用到那棟度假房的時候，把它租出去一個禮拜。

因為短租的關係，這些租用型房產所需的工作量會比較大。Airbnb 在舊租客退房、新租客入住之間，會有專業人員來清掃；一般而言，你需要提供所有備品——從床單到餐具，再到廁所的衛生紙。好處是工作更多（租給愈多人），通常也意味著利潤更多。

一般來說，在做短租的時候，大家會把自己的房產放上 Vrbo 或是 Airbnb 等平台，而平台則會在各方面支援他們，從選擇合格的房客到付款的執行，這會讓事情變得比自己製作租用文件和協議書來得更簡單、更容易一些。

另一個產生被動收入的創意點子是出租空間，大家會需要一些倉儲空間來存放自己的東西。你有車庫，而你的鄰居沒有嗎？或許他們會有興趣每個月付你 40 美元，以擁有在冬天把車停進你家車庫的特權。你有地下室、大型衣櫃或是多餘的儲藏空間嗎？或許有人會願意每個月付你 50 美元來租用你的儲藏空間，而不是每個月支付 125 美元來租用小型的儲藏櫃倉儲設施。有一個網站是「Neighbor：倉儲界的 Airbnb」（Neighbor: The Airbnb of Storage），他們會協助媒合你以及需要倉儲空間的人。如果你想要在出租空間時，

再賺到一些額外收入，在本書的免費加碼禮物裡有一個特別的註冊連結，你可以在 www.moneyhoneyrachel.com/bonus 下載。

說到倉儲設施……哈囉？倉儲設施可是把這項被動收入的點子帶到了另一個等級，這裡面的錢可是很多的，就跟購買及出租車庫一樣！本書裡的任何點子，你都要去想想如何讓它變成 100 倍，讓你的錢發揮最大的效益！你甚至可以收費，讓別人把廣告放在你的車上，只要 Google 一下「如何出租車體作為廣告空間」或是其他類似的句子。要小心那些專門敲詐的汽車廣告公司，你不應該為了申請出租而被要求預先支付任何費用。出租車體廣告的想法聽起來很不錯，但也不要太過期待，因為這些公司通常只會找那些生活在大城市裡、常常開車的人。

重點是，有很多方法可以賺取租金收入，只是要認真尋找罷了。最常見的一種租金收入，來自傳統的商用或住宅用的不動產投資，商用不動產包括辦公大樓、貨倉以及購物商場，如果擁有這類型的物件，就可以出租給需要空間來營運或是開店的企業主。我不會在這方面講得太細，原因是如果你認為要購買一棟獨立家用房宅已經所費不貲，那你可以想想看，這跟買一整棟複合式辦公大樓比起來，根本只是小菜

一碟。我的老天！這麼大的一棟樓，很容易動輒就要價好幾百萬美金。

這些想法都很有用，也值得你深入研究一番。廢話不多說，讓我們進到這個部分的主菜：住宅用的房地產投資。

 ## 聖杯：住宅用出租型房產

住宅用出租型房產是怎麼運作的呢？請容我用一個簡單的例子來詳細說明。

你購買了一間 100,000 美元的獨立家庭式出租型房產（我現在是在跟美國中西部的朋友們說話），你有貸款，初始的投資額是 30,000 美元，包括頭期款、成交費用，以及整理費（make-ready costs）。你用每月 1,200 美元的價格出租房子，而每月開支則包括支付貸款、保險、稅、房屋所有人應負擔之水電費用、空屋期、維護與修繕費、房地產管理費，以及其他所有的支出，一個月總共是 870 美元。意思是你每個月的利潤是 330 美元！鏘鏘！如此一來，每年的被動收入將近 4,000 美元。

投資出租型房產會讓你擁有三項重大的財務優勢：

- **現金流或是被動收入：**在上述例子裡，現金流是每個月 330 美元，也就是每年 3,960 美元，這會讓你有 13.2% 的現金投資報酬率！

- **淨資產：**你的租客不只是在幫你付貸款而已，基本上，他們是讓你 30 年後擁有一棟免費的房子（除了一開始你投入的那筆費用之外），而且不動產通常會隨著時間升值。事情並不是保證一定會如此（例外之一就是 2008 年的金融海嘯），但是，30 年後你不只無債一身輕，還會在自己未付過任何房貸的情況下擁有一棟房子，屆時這棟房子還可能會更值錢。

- **稅務優惠：**擁有一棟房子通常意味著會有扣除額，讓你可以把那筆本來欠政府的錢給省下來，漂亮！

　　對了，如果你已經因為上述例子中，初期投資的 30,000 美元而打了退堂鼓，先別急著這麼做！在這個部分，我會把你需要知道的所有事情都告訴你，讓你避開通常會出現的頭期款要求，而且不管你是住在生活成本低的區域，還是生活成本高的城市都一樣。我也會說明幾項策略，讓每個人都有辦法走上追求這條被動收入流的路：駭客租屋（house hacking）和 BRRRR 法。你可以運用這些策略開始追求這條

被動收入流，而且需要用到的錢會少很多；你甚至還會聽到一些人完全就是照著這些方法做，因此大獲成功。

我親愛的朋友們，我可以寫一本完整的書（甚至好幾本）專門講房地產投資。在我寫作的同時，安德魯和我擁有五處出租型房產（35 戶），而且，如果我們想要的話，光是這些房產帶來的收入就足以維生了。我還有一張房地產經紀人的證照，也理解房地產從開價到成交之間的來龍去脈。在本章裡，我會盡可能解釋大量的細節，本書的加碼禮物裡也有一些免費資源，你可以在 www.moneyhoneyrachel.com/bonus 下載。首先，我們先快速繞個路，來聽一位房地產巨頭的現身說法，他是大衛・奧斯本（David Osborn）。

案例分析：大衛・奧斯本 —— 百萬富翁、房地產巨頭、作家及創業家

大衛・奧斯本的厲害程度非比尋常。他是世界上最成功的不動產特許經營者之一，賺了好幾千萬美金，其中大部分都是來自於不動產的收入；他也買進並賣出了 1,000 間以上的獨立房宅。他也是暢銷書《財富不等人》（*Wealth Can't Wait*）的作者，

以及《有錢人的煉金方「晨」式》（*Miracle Morning Millionaires*）的共同作者。我真的很興奮可以跟你分享他的故事，讓你看看他究竟是怎麼走上這條值得注意的道路。我超級幸運、有機會可以跟大衛通電話，向他請益。

大衛有個智囊團，叫做「GoBundance」，他們有一個概念，就是要當一位「百分之百的人」。一位百分之百的人，就是被動收入可以百分之百、完全應付自身經濟需求的人；如果你每個月的生活開銷是 5,000 美元，你每個月的被動收入就要有 5,000 美元。

大衛解釋了為什麼當一位百分之百的人是一件很酷的事情：「當你獲得財務自由的時候，想幹嘛就可以幹嘛。你可以改變世界，遊戲就是這樣玩的。被動收入沒那麼難，即使這並不簡單，但也不是叫你設計出下一支 iPhone 的那種難度。」

大學畢業、工作了一年之後，大衛花了兩年的時間搭便車環遊世界，把他的現金都燒完了。他在 1990 年代中期回到美國之後，淨資產是負的 1,500 美元，因為他必須刷信用卡買機票飛回家，他當時 26 歲。

來看看我們之間的對話吧。

＊　＊　＊

我：「你在 26 歲時走上這條路，當時破產又失業，你做了什麼？」

大衛：「幸運的是，我從國外回家，回到我父母的房子。我媽媽當時是不動產經紀人，而我爸爸已經從軍中退伍了。然後我媽媽說：『嘿，來試試看不動產吧。』我從來沒想過我會當一位不動產經紀人，因為我不覺得這是一份正式的工作。但我還是投入了，我加入我媽的行列，僅僅過了 3 年，我們的年收入就已經達到 2,600 萬美元，我們成為凱勒・威廉斯（Keller Williams）房產公司第一名的團隊。所以，我就是從這邊開始，把自己從深淵拉出來的，我所做的只是賣賣不動產而已。我喜歡賣不動產，因為有史以來，不動產所造就的百萬富翁比其他任何風險投資都還要多。不動產所打造出來的財富，也比其他任何類型的公司都還要更多。我設計不出下一個 Facebook 或是下一支 iPhone，但我非常清楚要怎麼購買一棟房子、每個月支付 1,000 美元的貸款，同時用 1,100 或是 1,200 美元把它租出去。我想要達到財務自由，對我來說，自由是非常重要的，而我達到這個目標的方法就是透過買房。」

　　大衛在 1995 年買了他的第一棟房子，花了 77,000 美元，頭期款 20,000 美元，直到今日，他依然持有這棟房子。他當時把這棟房子用作住宅，在裡面住了 2 年，接著就搬了出去，並把它租出去。2001 年，這棟房子升值了，這讓他得以再度融資，拿到 60,000 美元的淨值，他用這 60,000 美元買了另外三棟房子。大衛從這四棟房子賺到的淨現金流是一個月 2,800 美元，由於他把這四棟房子的貸款分成 15 年期，所以現在都已經清償完畢了。因此，從 1995 年到 2019 年，僅僅靠這四棟房子，他的收入就從 20,000 美元變成 600,000 美元。

　　我：「你對於第一棟房子的投入是 20,000 美元，這筆錢是來自於你銷售房地產時存的錢嗎？」

　　大衛：「銷售住宅用的房地產很棒的一點是，你是沒有任何極限的。所以，我的收入很快就往上爬了。我當時住家裡、不用付房租，只是把錢存下來，也就存到了這筆錢。我從來就不是很浪費的人，我是開二手車，也從來不覺得需要買一個新的 Gucci 包，對新推出的賓士也沒興趣，我不需要這種東西。」

　　大衛和我談到學習使用正槓桿（positive leverage）的事情，正槓桿的概念是，你去借錢來賺那些你無論如何都會

賺到的錢。2008 ～ 2009 年，大衛在市中心區域的投資相當投機，現在，因為使用槓桿的緣故，他擁有大約 101 套／戶的房產。

大衛：「這 101 套的房產，每年會產生 550,000 美元的淨現金流，它們都是自動產生的，而且我還有一位很棒的傢伙替我經營，我們在當地也有不動產經紀人。」

我：「你是在哪個時間點決定要僱用房地產經紀人的？」

大衛：「剛開始的時候，我試圖一切都自己來，但我超級討厭這樣做；有很多人的態度都是『房地產管理讓人太想打退堂鼓了，我絕對不會擁有自己的房產』。有人星期六早上 4:00 打電話給你，因為屋子裡的水管到處都在漏水，你就必須立刻跳起來，處理淹水的房子。在那個時刻，我差一點就要掉入這個陷阱了。這會讓人很快就打消經營房地產的念頭，因為一個月才淨賺 100 美金，然後你就會這樣想：『等等，為了 100 美元，我的生活就這樣被毀掉了？』

「我當時還算幸運，熱衷於學習和受訓，而且身邊有很多房地產界的人，其中有個人說：『你為什麼不請一位房地產經紀人？』他說：『我在餐廳給服務生的小費是 15％，而所有的房地產經紀人都只會要求 8％。』說出這句話的人

有可能是羅勃特‧清崎（Robert Kiyosaki）❼。總之，那個時間點，我大概有五套房子，而我採納了這個建議，僱用一名房地產經紀人。這讓我獲得了解放，接著我的心情變成這樣：『哇！我太愛這種狀態了，因為我什麼都不用做。』只要管理錢就好。接著，有些起起伏伏，發生了一些需要維修的狀況，但整體而言，有房地產經紀人的話，再加上一堆租金收入，你一個月大概只需要花一小時工作就好。」

　　我：「當你有五份租金收入，但還沒有房地產經紀人時，你還記得那個時候每週或是每個月工作幾小時嗎？」

　　大衛：「工時是忽長忽短的。可能一整個星期什麼也不用做，也可能發生有幾個東西需要維修的狀況，而這就要花上 20 小時。這從來都不是一份全職工作。」

　　我：「最初的這五個房產帶來的現金流是多少呢？」

　　大衛：「最初的五個，非常少。我當時希望的是，扣掉所有開支後，可以有 100 美元的自由現金流。因此我每個月大概有 500 美元，一年的現金流就是 6,000 美元，我的頭期款只有 20,000 美元，這樣的話，現金投資報酬率就是

---

❼　譯注：《富爸爸，窮爸爸》（*Rich Dad, Poor Dad*）的作者。

33％。接著，還要償還本金。當時現金流的狀況不是非常好，但我買的都是單一住宅。我那時還沒開始經營可以讓多個家庭使用的多拼式住宅。」

我：「你犯過最大的錯誤或最重大的學習經驗是什麼？你有過『喔！慘了！』的這種時刻嗎？」

大衛：「最常見的錯誤就是對房客心軟。我有過一次經驗，有一位剛離婚的女士，她有兩個小孩和一隻狗，我跟她說過不能養狗，但她還是把狗帶來了，她不斷跟我說那些悲慘的故事。接下來，一年之後，我虧了 8,000 美金，然後我還是得把她趕出去。她離開之前，把整個地方弄得一團糟，彷彿我對她做了什麼不好的事似的。我知道她的生活很困難，她的先生幹了一些很糟糕的事，還跟另一個女的跑了。但是，你絕對不能把生意跟慈善混為一談，我是吃過苦頭才學到的。

「另一個教訓是：不要過度使用槓桿。我是從別人身上學到這點的。有人會把 90％ 或是 100％ 貸款押在房屋上，而在我親眼見過的兩次經濟大衰退中，我看過非常富有的人因為過度抵押房產，而且堆積太多的債務在上面，最後變得一無所有。因此，我總是試著維持負債權益比（debt-to-equity ratio）為 80/20 或是 70/30。我認為剛開始的時候，槓桿高

一點沒關係。當你開始走上這趟旅程時，作風強勢、有衝勁一些，很可能是種聰明的做法。

「資產會給你飯吃，負債會把你吃乾抹淨。永遠都不要讓現金流變成負的。你每個月的淨現金流至少要有 100 美元。現在，我試著以每個月 200 美元為目標，而這是在扣掉空房費、房地產管理費、房屋貸款的還款額之後。我絕對不會購入一個帶來負現金流的房子。」

我：「每個人都應該要投資不動產嗎？為什麼要或為什麼不？」

大衛：「每個人都應該要投資不動產，因為這是市井小民可以達成財務自由的方法。沒錯，有些億萬富翁總是運氣很好，彷彿順手都可以發現油田，也有億萬富翁去投資新科技，但這不是人人都有辦法做到的。不動產是每個人都可以取得的，若要能夠計算房地產，你只需要高中學位就行了。如果我買了 IBM 的股票，不管我做什麼事，都無法影響股市，但我可以努力增加房地產的價值。假如我買了一棟修繕有點不佳、被認為價值不高的房子，我可以投入時間來增加這項資產的價值，這需要的是毅力和一點點的腦子。對於中產階級來說，房地產是個建立現金流的策略。我知道有一位警察，在警界效力了 30 年，買了 10 棟房子，最後因此達到

財務自由。」

　　我：「對很多人來說，最大的困難會是他們並沒有一大筆錢，可能只有幾千美元。這些人要怎麼開始投資不動產呢？」

　　大衛：「第一件事是要讀一大堆的書、多多學習，而且要理解這件事：比起錢，拿到生意更重要。如果你有很不錯的成交機會，你通常可以找到一個『白騎士』❽。這種事我做過很多次，就是會有人來找我，跟我說：『我跟你一起買。』我知道有個傢伙，他建立起每年 700,000 美元以上的被動收入流，但用的是投資者的錢，他會支付他們 8％或 10％。因為他的信念如此堅定，加上勤勉不懈，所以他能找到好的生意。他會去找人，跟他們說：『聽著，我需要 20％ 的頭期款，借我 20,000 美元，我每年會付你 2,000 美元，而且若有需要，我隨時可以把錢還清。』所以，這是一種方法，比較強勢的方法。對於一個要投入不動產的人來說，最好的方法就是替自己買一間房子，而且要有一個意圖──在一年到兩年內將這棟房屋轉為出租用。」

---

❽　譯注：原指公司面臨被併購的危機時，出手救援的第三方公司或個人。

　　大衛用以下這段話作結：「每個人都可以達成財務自由。如果連我這個平均成績都拿 C，用了五年半才從大學畢業，甚至差點畢不了業，也幾乎從來沒有當過榮譽學生的人，可以用不動產達到財務自由，那所有人都可以！而且我在這裡幫你。等你達到某種程度的成功之後，最大的成就，就是把資源挹注到別人身上、了解要怎麼幫助他們實現夢想，這才是真正會留下來的資產，而這才是我想要的。」

　　哇！我起雞皮疙瘩了！你可以前往大衛的網站 www. DavidOsborn.com 更深入了解大衛的旅程，也可以在上面與他聯繫。同時，記得要讀他的那兩本著作《財富不等人》、《有錢人的煉金方「晨」式》。你也可以在社群媒體上追蹤大衛：

Facebook：www.facebook.com/DavidOsbornWCW
Instagram：www.instagram.com/iamdavidosborn
Twitter：www.twitter.com/IAmDavidOsborn

＊　＊　＊

　　我們接下來要跳到各種有創意的方法，讓你可以替你的第一個出租型房產找到資金。你會學到駭客租屋與 BRRRR

法的來龍去脈，也會聽到一些成功運用這些策略的人的說法，還會學到位於生活成本高的地區該如何投資。

20　首先，找資金

關於該怎麼進入不動產投資，我最常被問到的一個問題是：「我不是很有錢，那我要怎麼開始？」本章就是專門要來解決這個問題。我們會衡量一下現金的好處 vs. 使用槓桿的好處，接著會談到具體的策略，讓你可以避開鉅額的頭期款，也就是使用駭客租屋與 BRRRR 法。我也會談談住在生活成本高的地區可以怎麼做。

 ## 現金的好處 vs. 槓桿的好處

有些投資人對於用現金購買房地產抱有強硬的態度，也有一些人對於使用槓桿、貸款買房抱持強硬的態度，我會解釋這兩者的優缺點。

用現金購買房地產的話，你需要錢。我們現在說的意思

就是，如果有一處房地產的市場價格是 330,000 美元，而你就要用 330,000 美元的流動現金來購買。完全不貸款有個顯著的缺點，就是需要的資本額會更高，因為你是當場購買，而不是先付貸款的頭期款。

如果你貸款的話，就是使用了槓桿。槓桿的意思就是，**你用借來的錢賺取更高的利潤**；你付了一些錢當頭期款，剩下的錢則用借的，以降低你初始的投資額。這種做法有個麻煩，就是**只要你使用了槓桿，就會有風險**，這在 2008 年讓很多人都惹上了大麻煩。假設一個 10 萬美元的房地產，你付了 1 萬美金的頭期款，那你就要背負 9 萬的貸款，接著房地產泡沫化爆發了，價格驟跌，突然之間你的房產只值 8 萬，但你的貸款卻依然還是 9 萬，意思就是你的房貸溺水了：你欠的比房屋的價值還多。你絕對不會想要身陷這種境地！這也是 2008 年之後，放款人的要求變得更加嚴格的原因之一（不過他們是否真的把標準變得更嚴格，則是毀譽參半就是了）。總之，最基礎的一個重點就是，使用槓桿比直接購買的風險更大。

當你用現金購買的時候，你沒有房貸要付，而這消除了最大的「開銷」。我用引號是因為，嚴格來說，投資人在衡量他們的租金收入時，通常都不會把房貸算成開銷，由於這

些房貸費用有一部分會直接用來償還本金，所以是在建立淨資產。很多投資人瞄準的目標是淨營業收入（Net Operating Income, NOI），也就是營收減掉除了房貸以外的所有開支。但當我在談論出租型房產時，我會想知道付完房貸之後，每個月基本的現金流有多少。當你使用槓桿的時候，通常會有20 年、25 年、30 年的房貸，而你每個月都要支付貸款，這就會吃掉你的現金流。

我堅定認為，應該要使用槓桿。我覺得這非常安全且有保障，尤其是作為投資人，我的頭期款是 25％。我計劃長期持有這些房產，意思就是如果價格跌了，我必須要挺過去，直到市場價格再次上升，而不是賠錢賣出；我做的是長期計畫。再者，如果我當初全都用現金購買房地產，也就不會是現在這個狀態了，事實上，我可能甚至連一棟房子都不會有。一般而言，20 幾歲的人不會有一筆閒置的 100,000 美元可以拿來投資；槓桿讓更多人有可能可以擁有不動產。

放款人通常都會要求投資人支付 20 ～ 25％的頭期款，但不要僅僅因為你沒有 20,000 美元，就急著打消追求這條被動收入的念頭。駭客租屋和 BRRRR 法會幫你避開這個限制。

駭客租屋

讓我們好好欣賞駭客租屋的美麗之處。駭客租屋指的是當你購買了多戶複合式的房屋，像是雙拼、三拼或四拼房❾，你自己住在其中一戶，然後把其他戶租出去，以抵銷房貸，而且在這之上，還有潛力可以產生正向的現金流。

這種做法酷在哪？既然你想要把這棟房子當成主要的住處，那麼你就是房東兼住客，這種身分的利息最低，頭期款的比例也最低。如果你本身住在這棟房子裡，又擁有 VA（美國退伍軍人事務部）或 FHA（聯邦住房管理局）貸款的資格，那麼頭期款可以低至 0 ～ 5%的程度；若你不符合上述兩種資格，還是可以申請頭期款只有 5 ～ 15%的傳統貸款，接著再支付私人抵押貸款保險（private mortgage insurance, PMI）。意思是，**你不必擁有一大筆錢也可以做到**。

舉例來說，有一對夫妻想購買一棟 200,000 美元的三拼式住宅（對於某些市場來說，這個價格相當寫實，我們的

---

❾ 譯注：指獨棟房屋，分別有多戶進駐，彼此獨立，按照居住之戶數可分成雙拼、三拼、四拼等等。

第一棟雙拼式住宅位於肯塔基州路易維爾市，2017 年的時候要價 100,000 美元。保持耐心，你們這些生活在高開銷區域的年輕人們），因為這對夫婦是房屋的首購族，因此符合 FHA 貸款的資格，只要付 3.5%的頭期款就好了，也就是 7,000 美元。

請記得，我們才剛剛談過高槓桿也意味著高風險，房地產的頭期款愈低，在一個波動的市場裡，風險就有可能會隨之變得更大。我們最不想要的就是在房貸裡溺水，所以要確定自己完全理解風險。

這對夫妻在對這個價值 20 萬美元的三拼式住宅開價時，他們也協商讓賣方支付成交費和預付款。雖然這個三拼式住宅還是可以稍微翻新一下，但已經是可以搬進去住的狀態了。假設他們最初的費用，包含房屋勘查、鑑價，以及其他各式各樣的費用，總計為 8,700 美元，而這三戶中的兩戶已經用每戶 1,000 美元、或是兩戶共 2,000 美元租出去了，這對夫妻則搬進去住在第三戶。

這裡有件事情會讓你大吃一驚：每個月 2,000 美元的租金收入，不只可以負擔全部開支，每個月還會產生 50 美元的正向現金流！接下來的兩年，這對夫妻可以做下列兩件事的其中之一：

- 免費住在這棟三拼式住宅裡，然後用很激進的方式存錢。把原本會用作租金或是拿去付房貸的錢存下來，兩年之後就會有 19,000 美元的存款，接著就可以去買一棟出租型房產，而這會讓他們的租金收入更進一步增加。

- 利用他們省下來的生活開銷以及那筆額外的 50 美元，開始修繕這棟房屋，好讓自己的資產增值。可以更新另外兩戶的老舊電器和用具、重新油漆、重新鋪設地毯上已磨損的地方、翻新比較舊的那兩間浴室、填平車道和停車位上的坑洞等等。總之，接下來的兩年，他們會把原先用於租屋或是付房貸的錢拿出來，將這筆額外的 19,000 美元拿來投資於翻新房產。因為這些翻新和升級，他們當初用 200,000 美元購買的房子，現在已經增值為 250,000 美元了。

駭客租屋有很多種做法，在上述例子裡，這對夫妻用駭客租屋購買了一處出租型房產，而且頭期款並不高。其他人可能會採用自住轉賣的方式，自住轉賣指的是你買了一棟獨戶住宅，但這棟房子需要很多修繕，而你在這裡住上兩年，在這段期間內修好這些東西，然後轉賣以賺取利潤。在這個

情境中，你依然是擁有者兼住客，因此不必付很高額的頭期款。

　　為什麼我要一直建議你住兩年的時間呢？首先，大部分的貸款公司都會要求你住在這棟房子裡，把它當成主要住宅，為期至少一年，但有時候可能會是兩年；你必須先搞清楚全部的要求。如果你試圖在時限之前搬出來，你可能會踩到房貸詐欺的那條線。

　　兩年的規則還有另一個成分，跟資本利得稅有關係。當你以高於購買房屋的價格、賣出房屋的話，有時候會需要付一筆資本利得稅。換句話說，如果你買了一棟 20 萬美元的三拼式住宅，馬上又以 25 萬美元的價格賣出，你可能就要付資本利得稅。若要避免資本利得稅，你在最近五年內至少要在這棟房子裡住滿兩年，這個規則還有一個金額上限——單一房屋持有人的利潤不能超過 25 萬美元，共同持有房屋的夫妻的利潤則是不能超過 50 萬美元。避開資本利得稅的另一個方法，是做 1031 交換延稅❿，你可以好好做功課，並跟你的會計師討論看看。

---

❿　編注：「1031 延稅法」是從美國國家稅務法第 1031 條中的規定而來，只有在美國境內的房地產買賣交換，才可以使用。

BRRRR 法

　　不管是跟駭客租屋雙管齊下，或是單獨採用，BRRRR 法都可以讓你在買進第一間出租型房產後，再持續買進其他房產。這種做法就是先購買一處房產，裝修後出租，接著重新貸款，把房屋的淨值拿出來用，然後再用這筆錢來購買下一棟房子。這個方法經常被稱作 BRRRR 法：購買（Buy）、裝修（Rehab）、出租（Rent）、再貸款（Refinance）、反覆進行（Repeat），是由一個 Podcast 節目「BiggerPockets」所創造出來的。

　　珍・禮芙（Jen Reeves）是位於俄亥俄州的 Exceptional Homes 房產公司的擁有者，她就是成功使用 BRRRR 法的一個完美範例。珍和她的先生是從駭客租屋開始，他們的第一套房子也是自住宅，他們用的是自住轉賣的方法。為了商業價值，他們的房子需要做一些翻新工程，珍和她的先生在接下來的兩年完成了裝修，這些更新項目大概花了 12,000 美元。兩年後，他們售出房子，獲得 18,000 美元的利潤，接著將這筆錢作為資本，購入下一棟房子。

　　下一棟房子是一棟屋主自售[11]的房子，這棟房屋的狀況很糟，所以需要一番裝修。珍說明道：「裝修大約花了我們三個月的時間，我們大部分都用 DIY 的方式做，很大一部分的翻新都是在修補香菸造成的燙痕損傷。」

　　BRRRR 法就是在這時派上用場的，一年之後，這棟房子鑑價後的價格是 155,000 美元，這大概是他們購入價格的兩倍左右，接著他們拿到了 57,000 美元的房屋淨值信用貸款。之後，他們出租這棟房子，賺了一大筆錢，就去投資下一棟房產。

　　現在，他們擁有 5 棟獨戶住宅，目標是每個月淨賺 3,000 美元，這個目標是經過審慎思考的，而且他們認為自己可以在明年之內達成。珍：「嚴格來說，如果我們想要辭掉目前的工作，這個金額可涵蓋我們每個月的總開銷。」這筆金額甚至還包括健康保險！珍與她的先生住在俄亥俄州，該區域的生活費用算是相當低的；一旦還清房貸之後，她估計他們每月可以賺取 7,000 美元的利潤，這會讓他們有很大的緩衝空間。

---

[11]　譯注：意指不透過房地產經紀人。

　　那麼，這個過程對他們來說有多被動呢？一開始，為了省錢，珍和她的先生兩個人完成了大部分的工作，這是個很耗時的過程。但是，隨著他們反覆操作 BRRRR 法，同時也將愈來愈多工作外包給別人處理，例如最近一次的裝修，就已經有很大一部分不需要他們自己做了。BRRRR 法是一種需要較多時間、但較不花錢的方法，這個方法證明了任何人都可以投入房地產投資，即使沒有太多資本。珍估計，假如當月沒有房客交接進出，她只需要不到兩小時來處理記帳和維修的要求。「若要每個月都有同樣金額的收入，其他任何工作都遠遠不及這個方法來得被動！」

　　珍說道：「由於 BRRRR 法在過去三到五年的成效，再把我們累積的資金也算進去，我們最初的資本額已經翻了大約三倍。對於剛出社會、想要建立資本的人來說，我覺得自住轉賣是一個很好的方式。如果你可以在房子裡住滿兩年，就可以把房子賣掉，而且有潛力可以賺到一筆完全不用被課稅的利潤。」

　　簡單來說，BRRRR 法就是這樣。駭客租屋讓你可以輕易買到第一棟房地產，接著，用 BRRRR 法——購買、裝修、出租、再貸款、反覆進行——會讓你可以輕鬆買到第二棟、第三棟、第四棟、第十棟房子。但即便有了這些策略，

對於那些住在生活支出很高的地區的人來說，要投入房地產依然相當困難。接下來，我們會討論在這種狀況下，可以考慮的另一種策略。

 ## 如果我住在生活支出很高的地區，該怎麼辦？

　　也許有人住在紐約、丹佛、納許維爾、洛杉磯、聖地牙哥，或是加州⋯⋯隨便哪個地方其實都一樣，居住的費用高得離譜。我就直接說了：想要在這些地方找到好的條件，會困難許多，這些地區的房子已經很貴了。一套 700,000 美元的三拼複合式住宅，如果頭期款是 25％，就是 175,000 美元。我自己所認識過、銀行戶頭裡有這麼一大筆錢的人，屈指可數。

　　駭客租屋和 BRRRR 法，對於住在生活費很高的地區的人來說，依然可行，但我鼓勵你也考慮一下遠距離不動產。舉例來說，你有住在其他城市的親戚嗎？你在中西部有認識的人嗎？你是從俄亥俄州搬到紐約市的嗎？你是從洛杉磯搬到聖路易的嗎？你還有其他熟悉的城市嗎？或者，當地有家

人、人脈或其他關係？這些城市都是可以考慮進行遠距離不動產投資的地方。或者是，距離你的住所一到兩小時的地方，有沒有比較便宜的房地產？因為這樣你還是可以自己管理。有很多事情都可以考慮看看！

你可以跟其他城市的房地產經紀人合作，開始搜尋房地產。你在當地有沒有認識的人，可以幫你看看你有興趣的物件？如果沒有，你下次什麼時候返鄉，可以順便看看？我並沒有覺得在另一個城市找到房地產是件容易的事情，但如果你真心希望實現這項被動收入，你一定會找到方法的。

我知道，管理位於遠方的租客令人望而生畏，但這是個不錯的替代方案。我有個朋友，之前住在夏威夷，她搬家的時候沒有把原本住的地方賣掉，而是留著房子並租出去。即便隔著一整片海洋，她還是把房子管理得相當好！她曾有過一位長期的租客，租了三年，當這位租客通知她要搬走的時候，她考慮過要飛回去待個一週，拜訪親友、順便度假，然後再重新出租房子。但最後，她甚至不需要這麼做，反而很快就輕輕鬆鬆從遠端把房子租出去了。

她說：「我還沒遇過這間房產有任何一天的閒置期。我從來沒有親自前往管理過這棟房子，為了能夠遠距離完成所有事情，我需要三樣東西：足夠的時間去找到適合的房客並

檢核其資格、一份強而有力的房產價值聲明,以及數位行銷工具。

「整體而言,不動產投資最重要的就是策略,亦即必須在數字上是行得通的,不管是從現金流來看,還是從你的資產的升值幅度來看。有時候,你在自己住的地方完全達不到這兩個目標,當然,理想的狀況是在附近買房,但就算隔著半個地球,還是可以把資產管理得很好,我就是一個證明!我會鼓勵大家把眼光放得更遠,去自己所處地區以外的地方看看。如果你可以在你的房產所在地建立一些不錯的人際關係、如果你可以打打電話,那你就可以做到所有房地產經紀公司都會做的事情了。」

作為一位遠距離的房東,你可以依靠家人或朋友,也可以付錢請人幫你帶人看房,並且替你把房子租出去。你最好的選擇是僱用房地產經紀人,因為他們有經驗和專業,不過,你也可以找找該地區的其他房東、不動產管理公司等等。

事實上,知名 Podcast 節目「BiggerPockets」的主持人之一,大衛‧格林(David Greene)就是一名遠距離房東。白天,他是舊金山的警官;晚上,他是全美最成功的白手起家的房地產投資人之一,而這一切都始於他在自己那州以外的地方購買出租型房產開始。就是他讓「BRRRR 法」

一詞流行起來的，而他自已利用這個方法，現在已經坐擁好幾處出租型房產了。若想知道更多，我強烈推薦你去聽聽他的 Podcast 節目「BiggerPockets」，或是去買一本他的書來看看──他寫的書都棒呆了！

　　如果你對這樣的提案依然不滿意，別擔心，我們馬上就要聽聽另一位房地產創業家的現身說法，他是道格・史基沃斯（Doug Skipworth）。對於在沒有大筆金錢的情況下投入房地產投資，他還有更多獨到的見解。

案例分析：道格・史基沃斯──不動產巨頭、Crest-Core 不動產公司的共同創辦人

　　儘管 20 年來在不動產界的成績斐然，道格・史基沃斯為人腳踏實地，又謙虛地令人難以置信。他不只擁有美國會計師證照，也是一位有執照的金融分析師，在 2001 年共同創辦了 CrestCore 不動產公司，曾經幫助不動產投資人購入 1,000 處以上的房地產物件。Crestcore 現位於田納西州曼非斯市，管理超過 2,500 處住宅型房地產，其中道格本人就擁有數百個房地產。我在電話上向道格請教了關於房地產投資的所有事情。

＊　＊　＊

我：「最一開始的時候，你為什麼想要做這項投資呢？」

道格：「不動產是一種讓我可以達到目的之手段。被動收入符合我對於自身公司和個人成長所追尋的東西，因此我視之為其中一片拼圖。」

道格是在 2007 年，他 33 歲時開始投資（他承認他最後悔的兩件事之一，就是他並未在更年輕時就開始投資）。他的第一筆投資是一棟 45,000 美元的出租型獨戶住宅，他的自住宅有一些淨值，所以用這棟房子來貸款，之後立即買下那棟獨戶住宅。首先，道格解釋了他是怎麼使用 BRRRR法：「我 33 歲的時候，手頭的現金並不多。我的房子有淨值，但銀行裡並沒有讓我可以買棟房子的 45,000 美元。我的第一個出租型房產是用 45,000 美元的現金購入，那棟房子位於田納西州曼非斯市，接著我還得投入額外的 5,000 美元來進行裝潢和整修的工程。所以，我借了 50,000 美元，接著去銀行拿到 70,000 美元的房屋鑑價。之後，我拿到一筆 50,000 美元的房貸，並自行翻新房子，讓我可以去買第二套房產，這就是 BRRRR 法。因此，這基本上就是反覆操

作的過程。」

道格重複操作了 BRRRR 法大約六次左右，這些都是在他遇到現在的生意夥伴丹・巴特勒（Dan Butler）之前發生的事。他們當時住在附近，因此認識彼此，便開始一起慢跑；他們都對不動產有興趣，最後決定一起做生意。

我：「你是何時決定要跟丹合夥的呢？原因是什麼？」

道格：「我們做了一個小小的實驗。我有一天聽到這個例子：『如果你想要學習牌桌上的知識，而且手上正好有 1,000 美元，那你就去賭注為 1 美元的那張牌桌上，玩個 1,000 局，把事情摸清楚；不要去那張賭注為 1,000 元的牌桌，然後只玩一次。』丹和我都一樣，我們各自買過幾次房子，但我們都沒買過因為未繳稅而被法拍的不動產，所以我們就想到：『嘿，為什麼我們不共同承擔這種做法的風險，一起嘗試一次呢？』因此，我們一起試了一次，那只需要 12,000 美元，所以兩個人各出 6,000 美元。」

我：「對於夫婦或是想要找搭擋來共同投資的人，你有什麼建議嗎？」

道格：「我很推薦合夥，這是我做過最棒的商業決定。合夥人需要擁有一致的願景，確保彼此之間對於『為什麼』這個大哉問，有著一樣的想法。我總是把丹視為資深合夥

人，把自己當作是資淺的合夥人，而他對我也是如此。這跟
婚姻或是任何一種長期關係有點類似——若要長期經營，就
必須互相服務，不可以完全以自己為優先。」

　　我：「剛開始的時候，你是自己管理所有東西嗎？」

　　道格：「我的確選擇自己管理，這花了我較多的時間，
但我那時候的時間比金錢多，所以我願意放棄幾個早晨、夜
晚以及週末時光，哪怕只是省下一塊錢，而其他人則可能
選擇付錢請人來管理。不管是用哪個方法，你都要有所付
出——用時間或金錢來支付。因此，我 33 歲那時，是用時
間來支付；我想要學習並親自去做，所以我在聘請管理人之
前，想先弄清楚自己在做些什麼。」

　　我：「當你只有一兩棟房子的時候，每週會花幾個小時
管理房產？」

　　道格：「平均而言，我會說每週 1 小時左右。但情況可
能是這一週花了 3 小時，然後有兩週連 1 小時都不用。不
過，我每週可能至少要投入 3～5 小時來研究下一筆交易、
學習所有能學的東西、上課、交際這類的事情。所以，即便
我真正投入於工作的時間只有 1 小時，但我一直都在花時間
研究這份工作。」

　　我：「你是在哪個時間點開始僱用房產管理人？」

　　道格：「我們在僱用管理人之前，大概已經擁有 250 戶了。」

　　我：「天啊！你自己管理 250 個出租型房產？」

　　道格：「對啊（笑）。丹和我一起管理，你知道的。我們都有全職工作，我在公司方面是有一些彈性的。」道格跟我說明，他每週花在出租型房產的時間高達 40 小時——而且是在全職工作以外！他和丹都很認真地投入時間。

　　我：「哇，我真是大開眼界！所以，你現在有員工，不用再直接管理這些房產了，那你認為房地產投資真的很被動，或者有辦法變成完全被動的嗎？」

　　道格：「除了要處理年金、授權金之外，總是會有『管理房地產經紀人』的這個面向，但我會說租金收入是被動的，我認為這是躺在信箱裡的錢，要做到這樣是有可能的，當然。」

　　我：「對於建立財富來說，我認為不動產投資是一項很重要的工具。我覺得人人都應該擁有一個出租型房產，你怎麼看呢？」

　　道格：「我當然同意。我們有 750 位客戶，我們替他們管理房產。他們投資房地產的原因是各式各樣的，有些人是為了創造財富，有些人是為了現金流，有些人則是為了財務

自由，但大部分的人都有一個目標。對我而言，房地產是個
很棒的工具，可以協助人們完成自己的夢想，我們一直都這
樣告訴大家：『**不要等著去買不動產，而是先把不動產買起
來等。**』我們不斷在傳播這樣的口號。」

我：「如果有人並非像你那樣、擁有很大一筆錢或是一
棟具淨值的房子，而是只有幾千美金，那要怎麼開始投資房
地產呢？」

在這方面，道格有很多令人興奮的建議，為了讓事情變
得容易一些，我將這些建議整理成清單：

- **不動產投資信託**：你總是可以利用不動產投資信託，
  透過股市來投資房地產。
- **Roofstock 公司**：有些人試著想在成熟專業的房地產
  權，以及從不露面的無名不動產投資信託之間的隙
  縫搭起橋梁，因此，市面上有一些兩者的混合品，
  Roofstock 就是一個例子，他們會出售出租型房屋
  部分的利息，所以這是另一個你可以試著踏出的一
  小步。Roofstock 還在草創階段，但是他們看見了需
  求，市場有一個破洞，而他們正試著要填補。[36]
- **合夥**：找到一位合夥人。或許這位合夥人有一些資產

淨值或是金融資源；或許當合夥人多出一分錢時，你可以多出一分力；或許你可以提供一些別人無法提供的東西。

- **Fannie Mae 投資人貸款**：Fannie Mae 有提供投資人貸款的方案。這是我後悔的第二件事，我後悔的第一件事是我沒有在 33 歲之前就開始投資房地產，而我後悔的第二件事，就是一開始的時候，我並未使用 Fannie Mae 投資人貸款來購買並打造出 10 間房子的投資組合，這個投資組合會持續增值並產生現金流，可用 30 年分期償還。我們已經看過很多次了，這是個很不錯的方案。[37]

- **社區銀行**：如果你擬出了一個計畫，可以去社區銀行，社區銀行會聽聽你的故事。如果你有一個很好的故事，他們可能會站在你這邊，並且資助你，給你一個信用額度，這叫做指導額度（guidance line）。

- **屋主融資**：我們做過這件事很多次。有一個投入房地產投資的好方法就是去接觸屋主，他們可以提供貸款，意思就是讓屋主替這個物件提供融資方案。我們做過很多筆交易，其中我們完全沒付任何頭期款，而有些時候他們會用零利率來貸出。你可能要在這個房

產上比別人多付一點錢，或者有其他的原因讓他們想跟你合作。屋主融資是我們使用過很多次的工具。

我：「關於你和你的公司，你還希望讓本書讀者知道什麼呢？」

道格：「我熱愛設定目標，也熱愛把大家連結在一起，我很高興可以在能力所及的範圍內幫助別人。我高中時期有在打籃球，是一名控球後衛，而我最喜歡的莫過於把球傳給隊上的其他人。我們公司有很好的團隊，所以，如果在任何時候需要幫助任何人購買房產、管理房產或是用房產來貸款，我們全都可以做到。我很高興可以把大家跟房地產投資連結在一起，跟我們擁有的一切資源連結在一起。歡迎大家與我們聯繫。」

你可以去看看道格的網站 www.CrestCore.com，網站上可以聯絡到他和他的團隊。記得在社群媒體上追蹤他：

Facebook：www.facebook.com/Crestcorerealty
Instagram：www.instagram.com/crestcorerealty

＊　＊　＊

現在你懂了：該怎麼融資來購買你的第一棟出租型房產。如果你沒辦法壓低一般 20 ～ 25％的頭期款，我們在本章已經討論過一大堆別的方法：駭客租屋、自住轉賣、BRRRR 法、遠距離房東。大衛和道格都提供了更多有用的建議給我們，這些建議對於那些資本額較小的人來說是很棒的。你已經知道怎麼替你的不動產找到資金，現在是時候學習要怎麼找到屬於你的不動產了。

21　接著是找房產

關於如何替自己的第一棟出租型房產找到資金，你已經搞清楚其中的來龍去脈了；對於想要進入房地產投資大門的人來說，這是最大的障礙。現在，是時候來學學該怎麼找到你的第一間出租型房產了。

 找房子

第一步是想想你要投資哪種房產，以下是你可以考慮的四項參數：

- **地點**：地點是最關鍵的因素。你需要考慮一下區域犯罪率的高低、哪些地區是有前景的、你願意開車開多遠。我所有的出租型房產都是在開車 30 分鐘以內的距

離，而我個人不會想要再到更遠了（但這是因為肯塔基州的路易維爾市有點把我寵壞了）。你的目標會是在地圖上鎖定幾個具體的區域，而你願意在當地投資。

- **房產的類型：**需要考慮的主要房產類型有獨戶住宅、雙拼、三拼或是四拼住宅。作為初學者，你會想要先從四戶以內的房產開始，因為若是四戶以上的房產類型，你通常需要拿到商業貸款，而且別忘了，你應該要先學走、再學跑。多戶型住宅的好處是，即便有一戶閒置，其他戶還是會有租金，這能讓你維持現金流。比起獨戶型住宅，多戶型住宅的市場波動性也比較低。

- **價格：**在某些情況下，你會需要支付出租型房產的 20 ～ 25％ 的頭期款。對於那些投資用而非自住宅的房產，放貸人的要求通常較為嚴格。如果你要走上這條路，想想看對你而言，哪個目標更為實際。假如你沒有事先存下一筆鉅額的頭期款，你可以考慮看看是否要使用本書第 20 章中的其中一個策略。

- **條件：**你想要購買一個已出租、屋況良好的物件，還是想要購買一個需要先裝潢、才能出租的房產呢？（你有錢可以用後者的方法來做嗎？）

　　你會需要建立一支團隊,至少應該要找到一位信得過的房地產經紀人、一位放款人、一位保險經紀人。甚至在你還沒出價之前,這些人就會開始幫助你,所以,要確定你選擇的是當下想要一起合作的人。

　　在尋找房產這方面,你可以試試看一些方法。最顯而易見的方式就是跟房地產經紀人合作,一起到上市房地產綜合訊息服務網(Multiple Listing Service, MLS),查看清單上登錄的房產。房地產經紀人會有最即時的資訊,也會替你協調所有交易;同時,作為買家,你不用支付佣金給房地產經紀人。房地產佣金是一個被廣泛誤會的概念,在一般的交易裡,賣家會支付佣金給買賣雙方經紀人,作為買家,你一毛錢都不用付,就可以跟房地產經紀人合作。❷

　　與房地產經紀人合作並不是購買房地產唯一的方法,事實上,要用這個方法找到一筆買賣是滿有挑戰性的事,因為人人都這麼做,這是最容易取得的管道,因此也是競爭度最高的方式。如果你想要讓一筆買賣迅速成交,你需要發揮創

---

❷　編注:在臺灣,房地產的買方與賣方皆須支付一定比例的佣金給房地產仲介商。

意。有其他方法可以達成房地產的買賣，但不一定是掛在市場上出售的。

短售屋與法拍前房產

當有人在房貸裡溺水，就可能會出現短售屋，意思是他們欠下的房貸超過房屋的價值。在這個狀況下，放貸方可能會同意接受一筆比原本借款額還低的補償額，替財務困難的屋主促成房產的銷售；這是銀行使用的方法之一，他們認賠小額損失，以規避更大的損失，這就叫做短售屋。一般來說，法拍前的房屋也符合短售屋的資格，但這麼做可能會對屋主的信用有所損害；然而，要是最後真的變成法拍屋的話會更糟，因為買主會用折扣後的價格來取得房產。

陷於經濟困難的窘境、擁有廉價房產的屋主，可能不知道短售屋這個潛在的選項。如果你可以找到這些屋主談談，就能促成短售；而你作為買方，只要取得放貸人的同意，那就會是一個好方法，可以用折扣後的價格購買房子。不幸的是，有些不肖人士會利用這些屋主，說服他們去選擇一些對他們來說並非是最佳的選擇，所以有些人會認為這種做法是不正當的；但如果對所有參與其中的人來說，這真的是正途的話，就會是一件好事。

你可以購買型錄，或者聯絡律師或房屋貸款公司，找找看有沒有哪個屋主的房貸逾期未繳，或是正處於法拍前的狀態。那麼接下來，剩下的工作就是聯繫屋主、跟他聊聊，然後你再與專業人士合作、促成短售。

拍賣

當為時已晚，屋主已經不能進行短售的時候，房子就會被拿去法拍。假如屋主未支付房地產稅，房子也會被拍賣。在拍賣時購屋的風險比較大，也不允許進行勘查。通常，你必須使用現金支付全額，意思是你必須預付這筆資本，或是跟私人的放款公司合作。

你可以聯絡當地政府、當地行政司法長官，或是縣書記官，以尋找法拍屋或是屋主欠稅而被拍賣的房屋。

銀行擁有的資產

當一家銀行未能在拍賣時出售法拍屋，他們通常就會取得房屋所有權，於是那個房產就成為銀行擁有的資產（Real Estate Owned, REO）。放款人會試著自己賣出房子，如果你可以透過你在銀行熟識的人，或是從事 REO 資產交易的經紀人，即時找出這些訊息，就可以在銀行將這個物件放

上 MLS（上市房地產綜合訊息服務網）之前出價。在這個時間點，銀行通常都急於求售，而你則可以達成一筆划算的交易。

遺產分配

當屋主過世後，房屋可能會傳給屋主在遺囑裡指定的特定人士，或者是進到遺產分配法庭、準備出售。若要找到遺產分配的相關線索，你通常需要去法院取得清單，或是去找找有在做這件事的人，向他購買清單。你可以聯絡遺囑中的人（通常是過世屋主的家人），但這麼做，可能會傷害到屋主的家人，因為他們依然處於悲痛的情緒之中；另一方面，很多在遺產分配法庭上的人，都不是住在房屋位處的那個州，或者是想到要照顧一棟房產就覺得很有壓力、想趕快脫手，而這就是你可以幫到忙的地方。如果你很敏銳又很重倫理，這完全可以是一個雙贏的做法。

開車出去看看錢在哪裡

開車出去看看錢在哪裡，這是個有趣的說法，指的是在一個社區開車或是走路逛逛，找找看有沒有閒置或廉價的房產。你可以留下一張傳單在房屋的信箱裡，或是把房屋地址

抄下來,找找看屋主是誰,這樣就可以直接聯絡他。你可能
也會剛好發現有一個不住在這個州的屋主,而且因為要持續
管理房產對他來說有點困難,所以可能會讓他有動力想要出
售。

廣告牌

　　你在社區附近看見那種上面寫著「房地產收購」,再加
上一行電話號碼的牌子,就是廣告牌。你要做的第一件事就
是,查看你們那個城市的法規,確認是否能放置廣告牌,以
及可以放置在哪裡;如果這些方面都沒問題了,那使用廣告
牌就可能會是個有效的方法,可以帶來一些線索和訊息(雖
然看起來可能有點俗氣)。你可以在想要投資的目標區域放
置這種廣告牌,等待那些想出售房產的賣家的電話一通通湧
進來。

人際網絡

　　絕對不要低估人際網絡的力量,你認識的人愈多,有人
帶來好線索或是在看到廉價房產時想起你的機會也就愈多。
你應該要跟律師、房產管理公司、房東、投資人交流,你甚
至可以加入你那個城市的投資人協會,認識一下大家。協會

是一個很棒的管道，讓你可以跟經銷商建立聯繫，這些人可以找到好的交易並擬定合約，接著，像你這樣想要拿到合約並做成買賣的人，就會付給他們一筆費用。若你沒有資本，但還是想投入房地產投資的話，經銷也是另一個好方法，你可以拿到一些生意，經銷給其他投資人，他們則會付你幾千美金來幫他們跑腿。

聯絡 FSBO 公司

你也可以去看看 For Sale By Owner（FSBO）公司的目錄和網站，並聯絡那些賣家。如果你可以讓他們快速出售，或是他們很積極地想賣房，就可能會同意以較低的價格出售。

過期目錄

我是在 MLS 網站上的過期和取消的目錄裡，找到我的第一套雙拼住宅，我聯絡了目錄上的經紀人，結果這是我做過最好的買賣之一。這類目錄已經過期並靜置了一段時間，我是在賣家重新登錄房產之前聯絡到他的。你也可以跟房地產經紀人合作，找出有哪些已過期或取消的目錄，再把這些房地產列出來。

分析房地產

假設到目前為止，你該做的功課都做了：你已經訂好了一些參數，例如地點、房產類型、價格與條件；你有房地產經紀人、放款人，還有保險經紀人。一切都準備好了，而你也開始在找房。

當你找到有潛力的房產時，要先做什麼？**把數字算一算**。我在親自去看房之前，都會先把數字算一算，因為我不想浪費時間，尤其是那種打從一開始就不會是一筆好投資的房產。「把數字算一算」是什麼意思？你會需要從營收開始算，扣除開支，接著做一些數學運算，用一些花俏的算式來得出一個結論。

為了在一開始快速得到一些初步的高層次見解，我會使用 **1%法則**。1%法則指的是，房產價格的每 100,000 美元，每個月都應該要產生 1,000 美元的租金收入。要小心：1%法則是**一般性的原則**，而不是你做決定時所依據的絕對標準。

1%法則可以幫助我，是因為如果我看見一間房屋的公告價格是 275,000 美元，但每月租金只收得到 1,800 美元的話，我立刻就會知道這不是一筆好買賣；這個價格太高了。

我會立刻排除這個選項嗎？可能會，可能不會。總是會有人並未用預期的售價賣出，而你則可以用比 275,000 美元低得多的價格買進。然而，根據 1% 法則，這間房屋的建議價格應該要是 180,000 美元，但我不認為有辦法議價到這個地步。我將 1% 法則當作一個快速的判斷原則，可以告訴我哪些房地產值得進一步去投資。

　　如果根據 1% 法則，出現了有潛力的物件，那你就一定要把數字算清楚。你會從自己認為可以用多少錢出租這間房屋開始算：如果房屋是已出租的狀態，就用當時的租金來算；若你認為現行的租金太低，你當然可以記下任何有抬價潛力的優勢，但是**實際租金**比潛在租金可靠多了。假如那棟房子當時並未出租，你可以到 Zillow、Craigslist 或是其他網站做些研究，找到其餘類似的、公告招租的房子，這會讓你得到一個估計值（但這不是一個確定的數字），也就是這間房屋的每月租金可能會是多少。記得，估計要保守！

　　接著，你要估算每個月的開支，包括：

- 房貸還款（你的貸方會幫你估出這個數字，或是你可以用線上的房貸計算器來算）
- 房地產稅（你可以去查查稅務紀錄，或是看看目前的

屋主付了多少，然後得出一個估計值）

- 保險（你的保險經紀人會幫你估出這個數字）

- 水電瓦斯費，包含水、管線、瓦斯、電、垃圾清運等
  等（如果是屋主支付的話，房地產經紀人會幫助你取
  得相關資訊）

- 房產所有者協會（Homeowners Association）的費
  用或是房管協會費（condo fee）

- 景觀美化或是清除積雪

- 除蟲

- 維護修繕

- 資本投資（每個月把一部分的錢存下來，以便在一段
  時間後去做更大型的投資，像是新的屋頂或是冷暖空
  調）

- 閒置費用（你的房子不會在 100％的時間內都是出租
  的狀態，所以一定要把舊房客與新房客之間的空置時
  間算進去，合理的估計值是 8％）

- 房地產管理

- 各式各樣的費用（包含你忘記算進去的所有其他費
  用）

　　這些支出項目對你來說並不是每一項都適用，但可能是一些值得考慮的項目，要記得，應該要按月來估計開銷的數字。在數字上，你必須是保守且穩健的，因為你真的要根據這些數字來做決定，所以要給自己一些緩衝空間，接著再把緩衝的空間變得更大。你最不希望的就是買了一棟房子，然後發現自己「方向錯誤」、有些東西算錯了。這種事我發生過一次……那可不是開玩笑的。你應該追求的是保守估值，讓房產最後表現得比你預期的更好。

　　將這些支出項目加總起來，再用租金營收扣掉總計的支出，剩下的是什麼呢？就是你的現金流估計值。

 ## 投資房地產的指標

　　在更進一步之前，你需要透過三項指標來決定一棟房子是不是一筆好的投資，這三項指標分別是：

- 每月現金流
- 現金投資報酬率
- 資本化率（capitalization rate）

現金流是你的利潤，也就是支付完所有費用後剩下的東西；現金流就是用租金收入扣掉所有支出（包含房貸的還款）。每個人對於現金流都有不同的要求，但你絕對不能接受的現金流，就是零或負值的現金流，為什麼？因為本書的目的是要教你產生被動收入流。當然，從長期、淨資產的觀點來看，一棟現金流是零的房子依然是筆好投資，但我們現在是在想辦法創造收入，而不只是購入有增值空間的資產；我們追求的是正值的現金流。

當我第一次開始找房子時，我想要找的是每月至少會產生 200 ～ 300 美元現金流的房子。實際上，我買的第一間房子所產生的現金流是 500 美元左右，而現在，隨著投資組合的成長，我對現金流的要求也提高了。對我而言是這樣，但對你而言不一定相同，所以，你要問問自己，每個月賺多少錢對你來說是值得的。如果你需要每個月 4,000 美元才能退休，而你希望每個月每棟房子能帶來至少 100 美元的現金流，那你就需要買入 40 棟房子；如果你希望每個月每棟房子能帶來 800 美元的現金流，那你就需要買入 5 棟房子。喔！對了，僅僅因為你說你希望一棟房子每個月能帶來 2,000 美元的現金流，並不代表這個想法是實際的。你需要依據市場，調整你所能接受的最低金額。

現金投資報酬率會告訴你，你所投資的每一分錢會帶來多少收益。計算方法如下：

現金投資報酬率＝年度現金流量／總投資額

年度現金流量，就是每月現金流量乘以 12。你的總投資額包含頭期款、房屋勘查費、鑑價費、成交費、裝潢，還有任何你投入於這棟房屋、讓它變成出租型房產的費用。當你使用槓桿和房貸的時候，你只是預付了頭期款；但若你當場付清全額，那你初期的投資額就會是房屋的完整價格。在這裡，你可以看到，使用槓桿將如何提高投資報酬率。

舉個例子，假設你買了一棟 160,000 美元的雙拼式住宅，你付了 25％的頭期款，那就是 40,000 美元，再加上其他支出 5,000 美元，所以你最初的投資額是 45,000 美元。假設你在分析之後，發現每個月的現金流估計值是 400 美元，那一年總計是 4,800 美元，這讓你的現金投資報酬率等於 4,800／45,000 ＝ 10.7％。

這是好還是不好？我可以說出我的主觀意見，但只有你才能判斷什麼樣的投資報酬率算是夠好的。剛開始的時候，我想說：「好，我希望至少要賺得比股市更多，不然的話，

我幹嘛不投資股票就好？」

　　長期來說，股市的平均報酬率是 10％左右，取決於你怎麼看以及你問的是誰，因此，我希望我的出租型房產至少要有 11 ～ 12％的投資報酬率。但你可能不會同意這個數字，你可能很討厭股票或是不信任股市，或者不想把租金收入拿來跟一個長期平均值做比較，這很合理。你可能希望投資報酬率至少有 8％，又或者 12％對你來說還不夠，你想要的是 14％，那就去追求這樣的報酬率吧！規則是你自己訂的。

　　最後，你會想要看看你的**資本化率**。簡單來說，資本化率是指如果你購屋時一次付清的話，投資報酬率會是多少。資本化率會告訴你，這個資產本身帶來了多少報酬，計算方法如下：

資本化率＝年度現金流量／房產價值

　　大部分的時候，在房產價值的部分，你會預估自己將用多少價格購入這棟房子。我們就用上述 160,000 美元的雙拼式住宅的例子來算：資本化率＝ 4,800 ／ 160,000 ＝ 3％。

　　就跟其他指標一樣，我無法跟你說這個比率是好還是不好，3％似乎很低，但我做決定時依賴的不是資本化率，而

且在某些情況下，我甚至不會去算這個。對我而言，投資的標準在於現金流量和現金投資報酬率。若要跟相同地區其他房屋的產出做比較，以及要看你這棟房屋的表現是否比較好的時候，資本化率會是個很好的工具。這是個重要的指標，能夠協助你評估風險，因此值得你去深入了解一下。**資本化率低＝低報酬，資本化率高＝高報酬。**

就如同我先前所提到的，有些投資人比較喜歡看淨營業收入，而不是現金流量。淨營業收入，是用營收扣掉所有支出（不含房貸還款）之後的結果。你在還房貸的同時，還是會有一些收益，因為你在做的是累積一間房屋的淨資產，所以要記得，這跟其他項目不一樣，這並不是真正的「費用」。無論如何，我們的目標是要建立正向的現金流，不只是正向的淨營業收入；我們希望每個月都能有具獲利率的實質現金流，因為這就是被動收入。**被動收入＝財務自由**，這是我們的目標所在。

 房地產的出價

如果你找到了一棟房屋，符合你要求的所有條件，那麼

是時候要出價了。很嚇人，對吧？我懂你的感覺，但這也很令人興奮。

你在出價時，如果備有房貸預審證明以及／或是財務證明的話，會有所幫助。你要考慮許多面向，房地產經紀人會在這方面協助你。

- 你會要求保留家電設備嗎？
- 你會要求進行房屋勘查嗎？（小提示：會的。）
- 你會要求賣家替你付過戶結算費（closing costs）嗎？
- 你想要跟哪家特定的公司交易嗎？
- 你希望有房屋保修（home warranty）嗎？
- 在成交前你需要多少時間？
- 你會付多少保證金？

你的要求愈少，你的出價就愈有競爭力，但這些項目可能會是成交的成敗關鍵，所以將這些事好好考慮過一遍是很重要的。

一旦你送出了自己的出價，這時候，賣家可能會接受你的出價，或是開一個新的價格，又或是拒絕。你可能會需要

進行幾輪協商議價。一旦你簽下一份大家都接受的合約，下一步就是做房屋勘查，勘查完之後，依據合約規定，你可能有機會可以要求或是協商賣方在成交前完成維修。接著，你要去申請貸款並要求鑑價，這個部分，給你貸款的放款人會協助你完成。最後，你會完成交屋，正式成為一位出租型房產的屋主！

這會讓你想問一個問題：「然後要幹嘛？」繼續讀下去，看看要怎麼找到好的房客和房地產管理人。

22 避開惡夢般的房客

請記住，房地產投資可能也會替你帶來相當程度的惡夢。去跟任何一位房東聊聊，你會發現大部分的人都會同意，對付房客是持有出租型房產最讓人挫折的面向之一。在本章裡，我們會談談該怎麼找到好房客，這能讓你避開並預防許多房客的重大問題和困擾；我們也會談到要怎麼僱用房產管理人，好讓自己完全不必去處理房客問題。

 房客

終於⋯⋯你可以開始收房租了！這個時候，你會處於下列三種狀況中的其中之一：

- 原本的房客繼續承租。

- 你買的是空置的房子，需要找房客。
- 你買的是多戶型房產，因此可能會是上述兩點的綜合。

原本的房客繼續承租的話，在租約到期之前，你能做的並不多，租約不會因為房產的購入和出售就有所改變。

讓我再說一遍：租約就是租約，房地產的所有權轉移，也不會讓租約取消。然而，如果違反租約的是房客，那就另當別論了。但是，你不能期待在購買一棟房子之後就調高租金，或是在租約還剩下三個月的時候把原本的房客踢出去。

如果原本的房客續租，而且狀況不錯的話，你可能只會想要持續營運，而不會想做太多其他事。你可能會用一封信或是親自上門、介紹一下你自己是誰，並向他們保證在租約期間內，一切都會照舊。你會需要不時去關心一下他們，確保他們有好好照顧這個地方。你會想要每個月去收房租。啊！那是個美好的生活。

但是，大多數時候，你需要尋找新的房客。你要不是在等目前的房客租約到期、換新的房客，要不然就是需要出租你購入時就已空置的房產。

找到好房客是這門生意中最關鍵的一個部分，成也房

客、敗也房客。讓我再重複一次，你的房客可以成就你，也可以毀了你，在你把房子託付給他們之前，要確保自己盡可能地過濾房客。

找到房客最好的方法，就是在線上放招租廣告：Zillow、Trulia 等網站，甚至是 Craigslist 也可以。有很多網站都可以讓你輕鬆地一次就把廣告張貼在多個網站上，我用的是 Cozy，這是一個用來管理出租型房產的平台，你不只可以在上面張貼廣告，也可以在上面評價房客的申請，並設定租金自動轉帳。

另一個找到房客的好方法，是在屋子前面放上一個「出租」的牌子。我在做第一份房地產投資工作時，聽到用牌子帶來潛在客戶線索的做法時，我幾乎翻了個白眼。哎呀！事實證明我錯了，看見廣告牌而打電話來的人數，比其他管道都多。如果你不立個牌子的話，會是個巨大的錯誤。

在開始過濾房客之前，先想好一些問題，讓你可以排除一些可能不適合這間房子的人（順帶一提，法律上來說，任何人想要看房，你都不能拒絕）。你接受房客養寵物嗎？如果不接受的話，你可能會需要先問他們這個問題。屋內是可吸菸還是禁菸呢？然後，幫幫忙，絕對不要有歧視狀況。如果你不確定某些東西是不是歧視的話，去向房地產經紀人或

是律師諮詢一下。

　　接下來，你會開始帶很多潛在房客看房。帶人看房之前，要盡可能讓你的房子聞起來舒服，這一點當然是不在話下，而如果要看起來更專業的話，帶人看房時，你可以帶著傳單以及入住申請的說明文件。

　　你可以製作自己的申請表，並自行要求信用和背景檢查，但我發現用線上平台會比較容易，這種平台會幫你搞定所有東西。一般來說，申請人要支付信用和背景檢查的費用，而如果你自己去申請，這筆費用就是你要繳，否則就是你所使用的平台要繳。

　　你要過濾這些申請書、打電話給他們之前的房東並確認他們的就業狀況，以確保每件事情都與事實相符。你也可以要求他們繳交其他資料（直接交給你本人或是你使用的平台），我通常都會要求他們提供駕照的照片，以及近期的兩張付款收據。

　　有很多東西需要消化，但你必須盡可能仔細地一一完成。你的租金收入得依靠合格的、負責任的、會付房租的房客。

房產管理

到了這個時間點,你可能還在想:「但這有多被動?」

這可不被動……至少在一開始並不被動。但是,本書提到的每一項被動收入流都需要前置期的時間或資本投入,或是兩者兼具。第一階段並不是被動的!寫書需要時間,投資組合收入需要資本,開一家自助洗衣店要時間也要錢,讓部落格變成生財工具需要時間,而投資出租型房地產需要時間,也需要錢。

這些點子的最終目標,都是要把這些流程逐漸簡化並外包出去,或是僱用某個人來替你管理,這樣你自己就不必工作了。

對於租金收入來說,房產管理人進場的時間點就是在這邊。我要強調這一點:我認為在一開始時,親力親為去做所有事情是很有價值的。你要去學習、詳細記錄自己的領土、製作自己的文件,並建立自己的系統。但你最終極的目標是僱用一位房產管理人,而他可以替你做所有事情,這時候,租金收入才會真的變成被動收入。

即便沒有房產管理人,出租型房產的管理還是比一份全

職工作容易得多。以我們的雙拼住宅為例，我們選擇的是年租，而且要求非常嚴格，所以我們的房客非常整潔，並且會付房租。除非我們處於舊房客和新房客之間的空窗期，否則我們每個月平均花在管理房屋的時間是 1 小時，而這棟房子現在會帶來 800 美元的淨現金流量。

然而，等你有了 20 戶、30 戶，或是 40 戶的時候，局面就完全不同了；現在變成是一份兼職工作，也可以說每週必須花上好幾個小時，而你可能不會想要這麼做。因此，早在還沒買房之前，你就應該要將僱用房產管理人的花費，放進投資房地產的財務分析裡，如此一來，你就一直都有這個選項。

你有兩個選項：付錢請房地產管理公司來管理，或是聘請獨立的房產管理人。房地產管理公司早就熟門熟路，而你大概要支付租金收入的 5 ～ 15％給他們，注意，這是用租金收入去算，不是租金的利潤。他們會有執照和保險，如果出了什麼狀況，保險就可以替你支付費用。

若你想找獨立的房產管理人，他必須要有相關證照，而且可以用獨立約聘的方式替你工作；或者你可以直接僱用他，但要小心每個州各自不同的規定。僱用一位獨立的房產管理人會讓你在付款金額上更有彈性；一般來說，較大型的

房地產管理公司會訂好費率，而你其實很難跟他們議價。

聘請一位值得信賴、可靠的房產管理人並非易事，我想說句實話，我在試圖找到一位好的房產管理人時，簡直像是在地獄走了一回。今年年初有一件超級有趣的事，我的兩位「深受信任的」員工偷走我 6,000 美元的租金，然後就此消聲匿跡。這件事真的讓我上了一課：首先，不要在 Craigslist 上面找人來當你的房產管理人，即便他證明自己是位工作勤奮、願意付出的人，而且已經跟你一起在這個領域工作了很長一段時間；第二，要相信信用和背景檢查，不要相信本人，因為信用和背景檢查不會說謊，但是人會；第三，要選有證照、有保障的專家，例如不動產經紀人或是房地產管理公司。算我拜託你了，請從我這個所費不貲的教訓中學到一些什麼。

如你所見，我可沒有試著要把這件事講得超級輕鬆簡單，因為你們之中可能有些人已經是房東了，你們會知道事實並非如此。在找到對的公司或對的人之前，你可能要經過好幾次嘗試。

而你也看到了，當房東所經歷的這些糟糕經驗並未讓我卻步，也不會讓我就此不想擁有出租型房產。對我來說，在出租型房產上，沒有什麼可以勝過被動收入所帶來的收益，

以及那條相當划算的現金流。

 ## 魔法開始生效

比起其他被動收入流，我之所以偏好租金收入，是因為三項巨大的好處：你是在打造被動的現金流、你是在漸漸建立淨資產與財富，以及你會取得稅金優惠。

現在，我想帶你看看一個情境，這是根據我投資出租型房產時所訂出的原始目標。我原本的計畫是每年購買一棟獨戶型住宅，連續 10 年，全部都用 15 年期的房貸，這是我提早退休計畫的基礎，我想要讓你看看這個計畫會怎麼發展。

假設你只買了一棟獨戶型住宅，用 15 年期的貸款，每個月會產生 250 美元的淨現金流量。在接下來的 15 年內，你每個月只用最低的工作量就能賺到 250 美元，15 年後，真正的魔法才會開始啟動，因為你付清了房貸，突然之間，變成是你免費擁有了一棟房子，而且甚至不需要付錢！你要做的只是支付 20 ～ 25％的頭期款（如果你運用第 20 章裡的其中一個策略，要付的可能就更少了），接著你每個月都會賺到 250 美元，**於此同時，你的房客還在幫你付房貸**。

你不只會在 15 年後直接擁有一棟房子，你的現金流也
會因為不再需要付房貸而躍升一大級。從那時開始，你每個
月可以用同樣的一棟房子賺到 500、800 美元，甚至是 1,200
美元。

現在，聽好了：假設你每年都買一棟獨戶型住宅，持續
10 年。第 1 年的時候，你每個月會賺到 250 美元；第 2 年，
每個月 500 美元；第 3 年，每個月 750 美元……以此類推，
到了第 10 年，你會擁有 10 棟房產，而每戶每個月都會產生
250 美元的淨現金流量，因此每個月總計就是 2,500 美元。

在第 16 年，你付清了第一份房貸之後，真正的魔法才
會開始生效。假設清償房貸之後，你每個月會有額外的 600
美元進帳。看看下列這個表，這就是從第 1 年到第 20 年，
你的現金流：

	擁有幾棟房子	每月現金流量	年度現金流量
第 1 年	1	250	3,000
第 2 年	2	500	6,000
第 3 年	3	750	9,000
第 4 年	4	1,000	12,000
第 5 年	5	1,250	15,000
第 6 年	6	1,500	18,000

第 7 年	7	1,750	21,000
第 8 年	8	2,000	24,000
第 9 年	9	2,250	27,000
第 10 年	10	2,500	30,000
第 11 年	10	2,500	30,000
第 12 年	10	2,500	30,000
第 13 年	10	2,500	30,000
第 14 年	10	2,500	30,000
第 15 年	10	2,500	30,000
第 16 年	10	3,100	37,200
第 17 年	10	3,700	44,400
第 18 年	10	4,300	51,600
第 19 年	10	4,900	58,800
第 20 年	10	5,500	66,000

　　到了第 15 年，你的收入會是 30,000 美元；再過 5 年，收入不只是翻了一倍而已，而是高達 66,000 美元。從這個時候開始，隨著你每清償一份房貸，每年的現金流也會持續增加！在短短 20 年內，你就會建立起一個龐大的收入流，而且會持續一輩子。從 20 幾歲開始執行這個計畫，意味著你 30 幾歲或 40 幾歲就可以退休了，因為在此同時，你一直都有把你的生活開銷控制得好好的。

　　各位，這是我本來的計畫，只是在我買了第一棟雙拼住宅之後，一切就開始加速了。我的雙拼住宅每個月會產生 500 美元，而我把這筆錢直接存起來，因為我想要拿去投資其他的出租生意。9 個月之後，安德魯和我買了第二棟房子，再 4 個月之後，我們又買了一間出租用房產。一旦你開始賺取租金收入，你的存款就會像滾雪球般快速地堆積起來。不到 3 年的時間，我**每個月光是租金收入就有超過7,000 美元入袋**。基於我這樣的經驗，我相信前面這張表是相當保守的。

　　有了不動產，你可以輕易在 20 年內達成許多人在 65 歲時都無法做到的事情，真的超級夢幻。更別提到時候你會擁有多少淨資產了──那是以百萬美金計的啊！

　　房地產是所有可能建立財富的「唯一」投資首選，沒有之一。

 ## 結論

　　真是個資訊的金礦！在本章裡，我們討論了跟租金收入有關的一切。我們談到直接和間接的租金收入，以此為開

頭，接著開始了解一些有別於傳統的點子，包含 Airbnb、倉儲空間，甚至是汽車車體的廣告空間。

接著是關於出租型住宅的投資，以及其三大好處：現金流量（即被動收入）、建立淨資產、稅務上的好處。我們思考了在買房時要用現金還是使用槓桿。我們討論了各種不同的方法，讓你可以融資買房，包括駭客租屋、BRRRR 法。

我們也談論到達成一筆好交易的各種方式（除了 MLS 網站以外，還有其他各式方法）。我們學到該怎麼用三項主要指標來分析一棟房子：現金流量、現金投資報酬率，以及資本化率。我們學會了要怎麼出價、怎麼找到好房客，以及僱用房產管理人的重要性。我們甚至還聽到了兩位不動產巨頭，大衛・奧斯本與道格・史基沃斯的現身說法！

你知道的，我是出租型房產的大粉絲，因為這會帶來被動收入和其他財務上的好處。早在我成為被動收入的專家之前，就已經把出租型房產當作建立財富的最佳工具了。我認為，每個人都應該要擁有出租型房產。

我們已經深入探討過被動收入的五大類別了，向我們自己致敬吧！你現在已經擁有一切資訊、知識與技能，所以，接下來呢？你要往哪裡走？我們來整理並釐清一下該怎麼開始追求自己的被動收入吧！

第 7 篇

通往財務自由的
下一步

23 ▸ 設計你夢想中的生活

　　哇！因為這些令人興奮的資訊和技巧，現在你的腦袋可能都已經超載了。好在還有其他的感受，跟解鎖潛在的財務自由、彈性和穩定性一樣讓人振奮，這樣的感覺，即便是排山倒海而來，你也會展開雙臂歡迎，對吧？

　　在這趟旅程一開始的時候，我們檢視了這個世界在過去70多年間發生了什麼樣的變化。我們探討了儲備金理論，分析我們最有價值的那一項資源（時間！），然後，終於，作為達到財務自由的方法，我們談到了被動收入。

　　我們討論了被動收入是什麼，以及其運作的方式。被動收入需要前置時間的投入或是金錢上的投資，才能創造出來，我們把這部分稱為第一階段，而第二階段指的則是一切開始變得被動的時候——你可以好好放鬆，終於不必工作或是只需要很少的工作量，就可以讓錢滾進來。

　　接著，我們深入且詳盡地瀏覽了一遍被動收入的五種主

要類別：授權金、投資組合收入、投幣式機器、廣告與電子商務，以及租金收入。並不是每一種都是百分之百的被動，但是本書裡的這些想法已經很接近了，而且跟朝九晚五的工作比起來，這些收入流需要的工作量都很低。

我們現在已經到了本書最讓人興奮的部分——我們要把每一片拼圖都拼起來，看看追求被動收入對「你」來說有何意義，以及你可以如何應用！我們也會釐清你想要走到哪裡，以及如何到達你想去的地方，並將所有壓力拋諸腦後。

在本章裡，我們會看看目標（**你想要去哪裡**）與目前狀況（**你現在在哪裡**）之間的對比。接著我們會搭一座橋，把中間的落差連接起來，並釐清我們究竟該怎麼走到那裡。接下來的章節中有很多必做的行動，而你必須自律地完成當中每一項活動。

現在，讓我給你一項嚴肅的警告。我的第一本書《讓可愛的錢自動滾進來》是在教你怎麼理清楚一大團亂糟糟的財務狀況，而**這正是通往財務自由的第一步**。在你開始建一面牆之前，你得先打好地基，這個地基包括基礎的金錢管理：如何建立預算、儲蓄、償還債務、投資、繳稅，以及保險。如果你在這些領域還有所不足，那這就是你的起點，你也必須從那裡開始著手。若要建立被動收入，你的金錢管理必須

是健全的，在開始跑之前要先學會走。你要先把自己這團亂糟糟的財務狀況整理清楚，接著，才能開始運用被動收入走向提早退休的道路，如果我沒跟你先說清楚這件事的話，那就太怠忽職守了。從現在開始，一直到本書最後的所有策略，都建立在下列這些假設上：

- 你知道建立被動收入需要努力的工作，所謂一夜致富的祕法是不存在的。你已經準備好要投入自己、付出努力來打造被動收入流，達到真正的財務自由。
- 你的財務狀況是有條理的。你有穩紮穩打的基礎，精通於建立預算、儲蓄、償還債務，以及投資。被動收入就會是自然而然的下一步。
- 你有時間（或者你願意空出一些時間）或資本。如果你在這方面需要一些協助，我會詳細說明該怎麼做，因為這可能會是最大的挑戰。

 今時今日

作為開始，我們先來看看你目前的狀況。你目前每個

月的開支是多少呢？如果你有記錄自己的花費，應該就會知道這個數字是多少，或是可以輕易得知這個數字。你每個月的總開銷，意思就是若要維持目前的生活風格，你每個月所花費的金額。理想上來說，你不只會知道總開支是多少，也會知道你在每個類別的花費是多少（住房、交通、飲食等等）。

現在就動手把這個數字寫下來。先放下這本書，去找張紙、拿支筆，或在手機上裝一個記帳 APP，或者在筆記型電腦上打開一個 Word 文件。你也會需要弄清楚你現在有多少債務和存款，你可以把這兩個數字記在同一張紙上或是同一個 Word 文件裡。去做吧，我就在這裡等你。

 ## 設計你夢想中的生活

現在，來點好玩的！目標是將你生活中想要的東西視覺化，刺激一下你的腦神經。好好思考下列問題（我們在第 3 章曾提過這些問題）：

- 如果錢不存在於這個世界上，你會把時間花在什麼事

情上？

- 如果你只剩一年的壽命，你會做些什麼？
- 如果你中了 2,000 萬美元的樂透，你想做的第一件事情是什麼？接下來呢？

還有更多的問題，包括：

- 你對什麼事情充滿熱忱？
- 你喜歡跟家人和朋友聊些什麼？你喜歡學些什麼東西？

　　你真的需要仔細想想，一開始的時候，是什麼讓你拿起這本書的。是因為你想要離開那種朝九晚五的生活嗎？你討厭你的工作嗎？對，你會從那份工作離職的，但你想過不做這份工作的話，要做些什麼嗎？等這些工作時間都變成自由時間的時候，你會怎麼運用這些時間？「我討厭我現在的狀況、工作、生活，如果我可以逃離現況的話，我會很開心」，這樣想是很容易的，但替代方案是什麼呢？不工作的話，你要用那些時間做什麼？或許你想要去環遊世界，或許你想要開始建立非營利事業，或許你每個月會讀 100 本書，

或許你終於開始為了跑馬拉松去練身體。不管你決定要做什麼都可以，只是要確定自己知道要做些什麼。**不要太專注於「逃離」一個地方，這會讓你忘記應該要「抵達」別的地方。**

　　你正在讀本書，是因為你想要額外的收入，好讓自己擁有想要的生活方式嗎？太棒了，我們做得到！如果你已經受夠了靠著一張張薪資條勉強度日，或是被自己的財務狀況壓得喘不過氣來，被動收入就是解決方案。用極少的工作量就可以讓錢滾進來，這是個好方法，可以把壓力降到最低、釋放出很多的自由時間跟孩子相處，或者乾脆直接讓你的預算更寬裕！

　　也許你很熱愛現在的生活或工作，但你不想要依賴工作來賺錢，你想要達到財務自由。**你想要擁有想做什麼、就做什麼的彈性和自由。**

　　你拿起本書，是因為你想要一個很棒的快速致富計畫嗎？不，答錯了！你現在應該要知道這一點：建立被動收入流是需要努力的。

　　或許你想要好好養大孩子，而不用每週跟他們分開 45 小時。或者，你就是在家顧小孩的家長，除了撫養小孩這份極為艱鉅的責任以外，覺得自己還想要多做些什麼。也或許你想要在工作之餘經營自己的興趣和熱情。

不管你想要打造被動收入背後的理由是什麼，都要弄清楚這些理由，並且寫下來。現在，請回答這些問題，把一些點子和想法寫在你的文件上。

讓你的「為什麼」成為你的動力和讓你興奮的理由。讓這些理由在困難的時刻，而你在詛咒這本書和我的時候，成為支持你撐下去的力量，因為，天啊！要建立被動收入超難的，而且你可能會先失敗七次才終於成功。對成功而言，你的「為什麼」正是最關鍵的材料。

 ## 從這裡走到那裡

你知道每個月的開支是多少，你有了願景，看見自己夢想中的生活，也定義了你的「為什麼」。下一步就是計算你會需要多少被動收入，才能過著理想中的生活。

或許你現在的生活就很理想了，那很好。事實上，這樣的話更簡單，因為如果你的生活方式和花費跟現在一樣，那你需要的被動收入只要等於目前的每月開銷就行了，完成！很多正在閱讀本書的人或許都屬於這種狀況。

如果你想像中的生活跟目前的生活差距很大，那就需

要把這一點考慮進去。舉例來說，假設你真的很想把工作辭掉、去過夢想中的生活；假設在你理想的生活裡，你會從田納西州搬到奧勒岡海岸；假設你想要辭職，花更多的時間去旅遊。

光是從這些假設中，我就已經聽到很多不同的事情：你要從一個低生活開銷的地區，搬到高生活開銷的地區。你要搬到國內房價最高的地區之一，辭職則意味著你必須另外尋找健康保險，而這可能所費不貲。旅行也可能會相當昂貴。聽起來，你會需要大幅提高開銷，才有辦法過上這種生活。

住房的花費、健康保險、兒童照護費用，是三個必須考慮的最大項目。做好你的功課，先搞清楚這些東西會花多少錢，接著，為了保險起見，再加上 20 ～ 30%。一開始先保守一點，之後實際上的開銷會比預估值更低，這麼做比較好。

好好想過一遍所有支出的類別。在你的理想生活中，你會花更多錢在飲食與外出用餐上嗎？小孩和寵物的花費呢？最簡單的方法是，仔細爬梳一遍你現在的花費，並根據現在的花費勾勒出包含每個類別的完整預算，最後再拉出一個欄位，總計你這份提案需要的開銷是多少。

安德魯跟我在開始建立被動收入之前，就是做了上述這

些事，完全一模一樣。我們現正過著滿舒適的生活，而且也不想要為了退休而放棄這樣的生活方式，事實上，提早退休之後，我們想要花更多的錢。我們提案中的開銷，裡面有些類別所需的花費增加了，像是旅行、健康保險和居住費用。

你們有些人想要的可能正好相反，或許你們想要放棄一些奢侈的事物，以提早退休。有很多在追求財務自由、提早退休的族群，都找到了精打細算過日子的方法，這也很好。如果你要走這條路，你可能會比其他不想縮減開支的人都更早達成你的目標，但讓我把話說清楚：**被動收入的好處就是，你不必降低你的生活品質。**

同時，也要考慮一下你希不希望持續累積存款。有些人想要的不只是被動收入足以應付開支而已，他們還想要更多，如此一來，他們就可以繼續存錢，替一些需要大筆花費的事情做好準備，像是婚禮、房屋頭期款，或是孩子們的大學基金。這很合理！想想看你每個月想要存多少錢，在那份提案的所需開銷再加上這個金額。如果你理想的生活方式每個月要花費 6,500 美元，而你每個月還想存 1,500 美元，那你的被動收入所需要的數字就是每個月 8,000 美元，現在就把這份開銷的提案寫在你的文件裡。

你已經明確知道了努力的目標是什麼，也有了自己的

「為什麼」。你知道退休對你來說有什麼意義,以及你理想的生活看起來是什麼模樣。你知道自己每個月需要多少被動收入,才能讓這一切成真。

　　你已經擁有完整的地圖了!下一步就是決定路線──搞清楚要怎麼從 A 點走到 B 點。在下一章中,我們會討論要怎麼選出對你來說最好的被動收入流。

24　如何建立你的第一條被動收入流

　　我已經說過無數次，建立被動收入流需要下苦功。本書不是某種詐騙話術，可以教你大賺一筆，然後下個月就退休。

　　打造被動收入需要兩樣東西：時間或金錢。因此，你要考慮的第一件事，就是你可以支配的時間比較多，還是錢比較多，若要打造被動收入流，你絕對需要其中之一。

　　如果你當下的第一個想法是：「呃，我兩個都沒有！」那也別擔心，我剛開始時也這麼覺得，我總是被困在永遠做不完的待辦事項清單裡。我怎麼可能騰出時間來？我甚至還沒有小孩呢！我真不知道你的母親是怎麼做到這一切的。

　　本書不是在講時間管理，但我確實有個很重要的經驗要跟大家分享。在我認真且仔細地看過行事曆之後，我發現有些事其實是在浪費時間，事實上，我以 15 分鐘為間距，連續追蹤自己兩天的生活（對，我真的這麼做了），再根據我

把時間花在哪些地方一一分類（嘿！我剛剛才意識到，我基本上就是替自己的時間做了一份「預算表」）。有一件明顯到有點丟臉的事情是，我每天有 3 小時都花在這些地方：社群媒體和電視（覺得尷尬）。好笑的是，我老是在說時間不夠用、一直抱怨自己壓力有多大，因為我的行事曆就是擠不出時間。但等我真的坐下來，記錄我把時間都用在哪裡之後，才發現自己浪費時間的各種方式，我覺得自己就像是個偽君子！

　　你要搞清楚自己的時間用在哪裡，這跟製作財務預算一模一樣。若你不記錄的話，有些東西就算很明顯，你也看不見，所以，不要用猜的了，也不要假裝很清楚自己到底怎麼使用時間。你要踏踏實實地釐清這件事，練習做一份為期兩天的紀錄。本書的加碼禮物裡包含了一張記錄時間用的模板，我之前就是用這個模板做的，所以，記得到 www.moneyhoneyrachel.com/bonus 下載，完全免費！

　　我知道你們不是每個人都黏在社群媒體上，像我一樣對這些東西上癮，而且你可能無法輕易就空出每天 3 小時的時間。這個練習不一定很簡單，但還是做看看，認真仔細地看看你把時間花在哪裡。

　　你每天都要花 15 分鐘排隊等著接小孩嗎？太好了！帶

一本筆記本在身上，腦力激盪一下，你有哪些被動收入的想法。你曾有預約要看醫生、結果在等候區坐了 35 分鐘的經驗嗎？這是另一個增加生產力的機會。事實上，你出門的時候，身上應該隨時帶著一本書、筆記本或是筆電！有沒有更有效率的方法，可以把每餐要吃的食物準備好呢？像是一次性煮好所有東西，而不是每天晚上才準備當天的食物？洗衣服也是──你可以把洗衣服或是做其他家事的那段時間區塊「劃分」出來嗎？

　　為了把時間騰出來，我做了很大的犧牲（別誤會了，放棄社群媒體和看電視幾乎不算是什麼犧牲），我決定暫時不要常常跟朋友和家人出去，而是選擇花時間在工作上，並建立我的被動收入流。在我僱人來打掃家裡之前，我決定不要每週整理一次，而是每兩週整理一次，然後接受克洛伊的狗毛像一座座的小山一樣堆在每個角落。那你是不是也應該要這麼做呢？不，我並非要告訴你該做什麼、不該做什麼。那麼，我的意思是不是建立被動收入需要有所犧牲呢？對，需要花力氣去做。短期來說，你可能要放棄一些事情，以追求被動收入，不管怎麼樣，你需要找到方法來騰出時間。另一方面，也許你有資本可以動用，或是你可以輕易存到一筆資本。讓我提醒你一件事，有兩種方法可以存到更多錢：

- 節流，少花一點錢。
- 開源，多賺一點錢。

全部就只有這兩種方法了，你能做的只有減少開銷或是增加收入。再說一次，如果你的預算有縮減的空間（你必須真的把支出記錄下來，才會知道有沒有空間），那就去做；你也需要在這裡做出一些犧牲。你可以放棄有線電視嗎？你可以放棄 Netflix、Hulu、亞馬遜 Prime 方案嗎？你可以整整兩個月都不外出用餐嗎？當超市東西在打折的時候，你有辦法好好評估該不該買嗎？你有辦法做到一些簡單的小事，像是不在家的時候把燈關掉、把插頭拔掉嗎？你可以暫時放棄一些什麼，以存到更多錢呢？

你也可以試著增加你的收入，但很諷刺地，這可能會變成我們想要避免的、第 22 條軍規那種荒謬的兩難狀態。[13]

---

[13]　譯注：源自於美國小說《第二十二條軍規》（*Catch-22*），其中提及美國空軍的第 22 條軍規，規定若是飛行員精神狀態不適合執行任務的話，得申請停飛，但必須由本人親自提出停飛申請；若是飛行員親自以精神狀態為由提出申請，卻又會因為他有辦法做出此判斷而被診斷為有行為能力，故必須繼續執行任務。而後這個詞被納入英文字典，意指這種荒謬且自相矛盾的兩難狀態。

所以請注意，我並不是建議你花更多時間在工作上。你可以考慮要求加薪或升職，或是找個薪水更高的工作。還有其他方法可以不增加工時，同時卻能增加你的收入嗎？

問問自己：你是時間比較多，還是錢比較多？如果你現在兩樣都沒有，釋出哪一項會比較容易？

 ## 鎖定幾個選項

當你努力要釋出一些時間或是金錢時，可以先決定要追求哪一種被動收入流。我們來看一下之前討論過的被動收入流，以下有一份簡單的大綱供你參考。

授權金收入（大部分需要時間；只需極少或不需金錢）

- 紙本書、電子書、有聲書
- 音樂
- 照片
- 開放下載的內容
- 隨需印刷
- 線上課程

- 軟體或 APP 開發
- 加盟
- 礦業權

投資組合收入（不需要時間；需要大量金錢）

- 股息收入
- 債券收入
- 利息收入
- P2P 網路借貸
- 業主有限合夥
- 不動產投資信託
- 房地產眾籌

投幣式機器（需要一些時間和一些錢）

- 自動販賣機
- ATM
- 遊戲機台
- 自助洗車機
- 自助洗衣機
- 吃角子老虎機

廣告與電子商務（大部分需要時間；需要極少的錢）

- 聯盟行銷
- 廣告
- 直運

租金收入（需要一些時間和一些錢）

- Airbnb 或 Vrbo
- 倉儲空間
- 住宅型不動產

　　總共有 28 個點子！可能有一些會自動吸引你的注意力，或者你可能已經在腦中刪掉其中一些了。請大方在這幾頁做記號，刪除你不想追求，或者因為時間或金錢的限制而沒有能力追求的項目。舉例來說，如果你手邊的錢不夠做前置的資本投資，也沒有方法可以弄到那筆錢，你可能會在投資組合收入那區打上一個叉叉，我就是這樣做的。如果你沒有時間，也沒興趣去建立平台或是追蹤人數，你可能會刪掉聯盟行銷或是廣告。這份清單很長，所以不要怕，刪掉很多選項也沒關係！畢竟我們現在要做的就是試著刪減你的選項，變得更集中。

除此之外，在那些讓你感到興奮的點子，或是那些你有技能可以達成的點子旁邊畫上一顆星星。

此時，你的目標是要刪減一些選項，直到你鎖定了三至四個、在你的條件限制下可行的最佳選項為止。對於這些選項，你不需要有經驗或技巧，甚至也不需要熱忱，被動收入的重點不是去做你熱愛的事，而是建立收入流，接著，你就可以去做你想做的事。要切合實際情況，並找出三到四個具體的選項。

使用 SCRIMP 五要素

最後一步就是使用 SCRIMP 五要素，從這三到四個選項中，找到那項最好的被動收入流。再說一次，SCRIMP 五要素是：

- **擴張性**：能否大量製造或提供？
- **掌控度及限制**：你對於這個收入的掌控度有多高？
- **投入資本**：第一階段要投入哪些時間或金錢？
- **市場性**：有需求嗎？

- **被動性**：第二階段時，你要做多少工作才能維持這個
  收入流？

你要審慎決定，對你來說哪個因素是最重要的。有些人可能會想要選百分之百被動的選項，或是盡可能地被動；有些人則想要輕易擴張他們的被動收入流；還有些人想要完整掌控自己的被動收入，只需遵守最少的規則和限制就好。

把 SCRIMP 五要素按照你認為的輕重緩急順序，重新排序一遍。最後，按照排好的順序，加上你那三到四個被動收入流的選項，就可以決定哪一項才是最好的被動收入流，你就能優先去追求。你不必限制自己只能追求一個，先試試看第一順位的選項，等你上軌道之後，再回頭看看你手上的其他選擇，然後去追求第二順位的選項。

如果有無數個潛在的被動收入流，再配上 SCRIMP 五要素，可能會導致決策癱瘓——你知道的，就是那種完全無法做決定的狀態。如果你有這種感覺，我非常推薦你使用加權決策矩陣（weighted decision matrix），這個絕妙的決策矩陣，會把所有猜測的成分都排除在外，你可以上網查查看相關資訊，並替自己做一個。

25　自我設限是毫無意義的

　　本書裡的每樣東西都很好，但除非你**有所行動**，否則一切都毫無意義，而這是最困難的部分。首先，我們天生就會抗拒改變，並傾向將常態視為預設的狀態。開啟新的飲食習慣或是健身計畫很難，因為需要付出努力；投入一份新的工作很困難，因為很可怕，而且你可能會失敗。本書裡的技巧並不保證不會失敗，所有人都可以嘗試看看這些技巧，但不是每個人都會成功，而這是個嚇人的想法。如果你把你的錢投入到一些東西，之後沒有成功呢？如果你投資時間去做某件事情，結果一毛錢也沒賺到呢？

　　我們都有這種自我設限的念頭。

　　我親愛的叔叔曾經跟我賭 200 美元，他賭我無法走完大峽谷的 R2R（rim-to-rim）健行路線。他之所以這麼做，是因為他用一種拐彎抹角的方法，想讓我有動力去證明他是錯的。當時我的問題是，我已經對自己感到很洩氣又很失望

了，因為我沒有健身習慣，而我親眼目睹我姊姊從小到大在運動上的表現都比我好。所以，當叔叔跟我打這個賭的時候，我直接同意了他的說法，因為我無法從這個負向回饋的迴圈中逃脫出來。

我自我設限的信念是什麼？我不是運動員。這個信念跟了我 4 年，直到我達到這輩子身材最好的狀態，並完成了這趟健行，而且不止一次，是兩次。

其他自我設限的信念可能會是：

- 我不夠好。
- 我沒有意志力。
- 我不值得被升職。
- 來不及改變了。
- 我太老了，做不了 X、Y 或是 Z。

這些信念會讓我們裹足不前。若相信這些念頭的話，我們就會自我設限，這是自我應驗預言（self-fulfilling prophecy）。

如果你對於追求其中一條被動收入流感到恐懼（這很正常），那就問問自己，那個讓你自我設限的念頭是什麼？恐

懼的源頭就在那裡。你是不是認為自己沒有辦法做到？你不想把時間投資在那上面，因為你把家人擺第一？

　　或者，只是一些「要是……怎麼辦」的念頭？要是失敗了怎麼辦？要是虧錢怎麼辦？要是我把另一半的錢都虧掉了怎麼辦？任何商業投資都有風險。幸運的是，這些被動收入中有很多需要的是時間，而不是金錢。但這也一樣……要是浪費時間怎麼辦？要是一切都是一場空怎麼辦？

　　以下是一些在被動收入方面最常見，會讓你自我設限的信念：

　　我沒時間，或是**我沒錢**：請回頭參考第 24 章，關於如何找出空閒時間或金錢的部分。

　　我不擅長銷售或行銷：你不必現在就精通任何事情，但你的確需要有學習和嘗試的意願。我在出版第一本書之前，一門行銷的課都沒上過，我是按照錢德勒‧博特寫的《出版》裡的發行計畫去做，而且對我來說是成功的。說實話，我在隨需印刷的生意上，行銷做得不是太好，這門生意我已經半途而廢了；我以前在社群媒體上做得比較好，但還有很多可以做得更好的部分。你不必知道要怎麼做這些事情，一件都不用，但你可以開始做功課、自學，或是你可以邊做邊學，大部分的時候我都是這麼做的。如果一項行銷技巧行不

通，那就換一個試試。你要願意持續調整，直到找到對的方法為止，去找個導師、跟專業人士合作、受點訓練或是尋求幫助。你有成千上萬種方法可以去學習、進步；擅長行銷並不是建立被動收入的先決條件。

我很怕虧錢：我也怕。想知道我更怕什麼嗎？只靠一份工作或是一張張薪資條過日子。因為你猜怎麼著？我可能會丟掉這份工作。那接下來我要怎麼辦？我寧願以獨立的收入流來支撐自己的生活，而不是依賴薪資條。

如果你很害怕把錢投資在被動收入流裡，那你就要先決定究竟損失多大一筆錢，會讓你無法原諒自己。對我來說，我不願意投入大把鈔票到第一本書上，因此把上限設為 600 美元；我甚至可以花更少錢。損失 600 美元來試試看自助出版，我覺得沒關係。你猜怎麼著？我出版《讓可愛的錢自動滾進來》的第一個月後，就賺了 600 美元。

也許你願意去冒更多風險，或是更少風險。反正有很多被動收入都不需要投入錢，如果你擔心的是錢，那就專注在這些不需要錢的被動收入上。我更有意願投資出租型房產，因為我知道要投入的數字是多少，也知道這會產生營收，而賺錢與否並非取決於我的行銷能力。如果你不踏出那一步，是不會有所得的；但也沒有道理一定要冒著虧錢的風險，你

可以專注在那些需要投入時間的選項。

　　我沒有任何點子：我曾經有過完全一樣的感覺。我得徹底改變思考方式，所以我開始強迫自己觀察其他生意，並提出問題。當我去買冰淇淋，就會思考他們每天要接幾張單、會花他們多少成本，還有利潤是多少；我開始用創業家的方法來思考。我常常意識到自己被某項特定產品或是服務弄得很煩（或是因為缺乏某項特定產品或服務而感到很煩），有時候我會這樣想：「如果我有一個東西，可以做到『這件事』，就會輕鬆許多！」等等……要是我自己把這個東西創造出來呢？要是我填補了市場的需求呢？試著讓觀察力變得更敏銳，去注意你身邊的世界。你的同事會為了什麼事而感到氣餒？你的家人朋友是否希望自己可以更了解某些東西？有沒有可以帶來被動收入的點子？隨身帶著筆記本，開始腦力激盪，做做筆記，把觀察到的事情和點子都記下來，幾週之後看看這些點子會帶你走到哪裡。

　　我的技能不夠：除了我們前面談過的行銷之外，也許有些技能是你「認為」自己需要的，像是寫作、攝影、音樂創作、學會使用裝置錄影或錄音、設想未來的展望、陌生電話開發、研究、設計、管理或是其他一些什麼。然而，**有很多東西是你可以邊做邊學的**。如果你本來就對攝影沒興趣、也

不是很會攝影的話，我會推薦你開始賣素材照片嗎？不會。
你要發揮長處，但請不要認為自己一定要有特定技能才能去
做。如果你有一個超棒的點子可以寫成一本書，但是你寫作
超爛，那就找個影子寫手；如果你想要製作可供下載的模
板，就去看 Photoshop 的教學，找找有沒有什麼東西可以自
學。你還可以跟專家合作：在 Upwork 上僱用一位自由接案
人，讓他幫你實現你的想像。你不需要自己一個人做，所有
東西都可以去學或是外包出去。

　　你在自己做的過程中，同時會學到很多東西，也會犯一
些錯，就像我在建立任何一條被動收入流時那樣。但你一定
要開始去做，找件事情去做就對了！讀一篇文章；接觸一個
認識的人；打電話給一處複合式公寓，問問他們那邊洗衣房
的狀況。不要讓自我設限的信念阻擋了自己。

　　股市讓我很害怕：本書在講的是被動收入，不是股市
投資指南。那如果在這方面寫些什麼，難道不是個很棒的主
意嗎？喔，等等，我寫過了！在《讓可愛的錢自動滾進來》
裡，有一整個部分都在說明不同類型的投資，以及怎麼買賣
股票，這是我第一本書中最有用的部分之一。當然，我自己
說不準，你在網路上也可以找到成千上萬的資源。投資股票
比大部分人想像的簡單，拿本書來看，或是在網路上做點功

課，開始熟悉那些術語，了解股票和債券是什麼，弄懂共同基金和指數型基金是什麼。你愈熟悉，就愈不怕，我保證這比你想像的簡單！

我就是沒辦法全部都做到：並不是每個人都可以在每一項被動收入點子上取得成功，但**你可不可以在其中一項上取得成功呢？因為只要一項就夠了**。相信我，大部分的被動收入流都遠遠超出我的能力範圍所及。如果我寫了一首歌，大家應該會為了「不用」聽到我寫的歌而付我錢；也沒有人會去買我寫的食譜，甚至連我媽都不會買。看著我的清單，我可以輕易刪掉上面 75％ 的選項。你跟我是不同的人，對你來說行得通，對我來說不一定行得通，這完全沒關係！每個人都會有幾個適合的選項，你會知道對你來說，有哪些是可以做到的，選一個就好，你可以的。

如果還有其他自我設限式的信念讓你裹足不前，把這個念頭寫在你的日記裡。接著，想想看你認為我會怎麼回應，把這個也寫下來。或者，假設你找朋友來訴說那個自我設限的信念，他可能會怎麼回應呢？把這寫下來。搞清楚是什麼東西讓你無法前進，以及你該如何克服；你要決定值不值得去克服。你的「為什麼」夠有力嗎？

畫地自限是毫無意義的。這些自我設限式的念頭都是很

合理、有根據的恐懼，但依然是毫無意義的。你的生活中不
需要那些負面的念頭！不要因為恐懼而駐足不前、無法去追
求這些被動收入，定義出你願意承擔多少風險，一點一點慢
慢來。唯有在一開始弄清楚這些自我設限式的念頭，你才有
可能去克服。

　　建立被動收入流可能是個辛苦的工作，但你絕對做得
到，回頭想想你的「為什麼」，讓它成為你的動力。

 ## 要是你成功了，會怎麼樣？

　　如果你卡在恐懼的循環裡（相信我，我在寫第一本書
寫到一半的時候，完全就是這種感覺），我要向你提出一個
挑戰：要是你把這些都忘掉的話，會怎麼樣？要是你繼續做
這份工作，會怎麼樣？要是你不做任何改變，會怎麼樣？要
是你從來都不曾體驗過財務自由，會怎麼樣？想到接下來的
10 年、20 年、30 年或是 40 年的生活中，你週間的每一天
都要千里迢迢去上班，感覺怎麼樣？要是你從來沒機會去看
看這個世界，也從來沒辦法做你夢想中的事情，只因為你沒
有足夠的時間或金錢，會怎麼樣？

但是……

要是你成功了呢？

要是你大賺一筆呢？

要是你投資的時間都很值得呢？

要是你緩慢但穩定地讓被動收入漸漸上了軌道呢？

要是有一天，你不再依賴你的工作來賺錢呢？

要是你從被動收入中獲得彈性和自由呢？

 ## 最後一些想法

　　別衝得太快了，不要因為你想要開始追求被動收入，就在生活方式上做出任何瘋狂的改變。Girls Night In 電子報的創辦人艾莉莎・拉莫斯（Alisha Ramos）曾說過：「**『立刻辭職去做』是個糟糕、而且有特權才能採納的建議。**」她說得一點也沒錯。在你用別的方式取代你的收入來源之後，才有辦法承擔辭職所造成的後果，所以，要有耐心，跟沒有被動收入比起來，擁有被動收入會讓你的退休提早很多，但還是需要辛苦的工作才能實現。

　　在開始著手之前，先跟會計師聊聊；若是任何涉及到財

務、法律、稅務方面的事情,都要好好做功課。根據美國國稅局的官方說法,被動收入跟投資組合收入的課稅方法不一樣,你應該要去理解是怎麼課稅的,以及稅務會為你帶來什麼樣的影響。你應該要理解被動收入的損失不能用投資組合或是主動收入來抵銷,你的責任是打從一開始就了解全部資訊;畢竟,我並不是稅務專家。

 # 結論

我們已經走到這裡,只剩下少少幾頁了,有很多點子、有些興奮和激動,還有最重要的……抱有希望,本書的目標就是要給你希望。

我們都覺得很氣餒。我們還有學生貸款、債務和帳單要繳,但我們賺的錢不夠多。我們怎麼可能在 65 歲退休?提早退休就更別提了。沒錯,有些賺得很多的人可以過著極度精打細算的生活,在短時間內存下一大筆錢來購買自由,但剩下的其他人呢?

答案是,透過被動收入,人人都可以達到財務自由。一旦你的被動收入超過每月的生活開支,**你就退休了、你就財**

務自由了。你終於可以自由自在去你想去的地方、做你想做的事情，金錢再也不會成為你的限制了。

被動收入就是那張黃金入場券，讓你終於有機會可以擁有完全財務自由的生活。

 ## 走吧……現在就走吧！

如果你認真投入、好好做功課、撰寫一份詳盡的商業企劃書，並知道該預期些什麼……如果你還擁有一種叫做「頑固不懈」的重要特質，那你會成功的，我毫不懷疑。你絕對可以實現這件事。

在短短兩年內，我先生和我的被動收入從零到每月 10,000 美元以上，而且這個數字還正在漸漸增加。兩年前，如果你問我這是否有可能，我會說：「你瘋了！」我的意思是，我大學畢業後身無分文，第一份工作的年薪是 32,000 美元，我完全不知道我可以做到今天這個地步── 27 歲就退休。這一切的發生都不在我的計畫之中，但我們非常努力工作，而且我們剛好得到一些很棒的機會。

如果我做得到，你也可以。我並沒有比任何正在讀本書

的人更厲害、更了不起或是更有能力，我只是很努力去做。
我用實際的工作來讓這些成真，而我現在站在這裡。兩年前，我跟你們都站在同一條船上，一直到我做出這個決定，就是我想要「有選擇」。

在不遠的將來，你每個月可能會產生 1,000、2,000 或是 5,000 美元的被動收入，你甚至可能可以完全退休。你可能有辦法在現實生活中，過著你在第 23 章寫下的那種理想生活。不用工作的話，你會做些什麼？現在，你不必只是想像或是做夢了，幾年後，你可以真正知道答案，並過著那種生活。

你可能會坐在義大利佛羅倫斯的一家咖啡店裡，單純只是因為你當時的心情讓你想來碗正宗的托斯卡尼麵包湯。你可以在下星期立刻飛到巴黎。你也可以回鄉探訪你的家人和朋友，並待上一段時間。你可以努力完成此生願望清單上的項目。你終於可以去做那些你一直想做、卻一直延宕的事情了。你可以花時間去當志工，做些有意義的事來回饋社區。你可以在財務上達到自給自足，當個不用工作、在家陪小孩的家長。你可以坐在沙發上抱著你的孩子，心中完全沒有金錢壓力。你可以把你的時間投入小孩的教養。你可以替家長們開設一間非營利的日間托育中心。你可以找到一個目標或

理念來給予支持。你可以參與政治，並為你的信念而戰。你可以去探索任何選項──因為你有時間、也有財務自由可以這麼做。

　　剩下的留給你自己去想。世界上有這麼多令人興奮的機會，而你的人生只有這麼短的時間，你想要怎麼運用這些時間？彈性、自由和財務自主會如何改變你的生活呢？

致謝

　　我想要感謝那些在本書發行之前，為了讓本書更臻完美，因而被我這種無時無刻不工作的執著大幅影響到的人：

　　我的先生，安德魯，完全是上帝派來的天使。他去採買生活用品、煮飯給我吃、照顧公司，好讓我可以完全不用擔心這些事情。本書的成功發行，是我的功勞，同樣也是他的功勞。我怎麼可以這麼幸運？

　　給討厭鬼們：老媽、老爸、蘿倫和克萊兒，你們都超煩的，哼！

　　給我的毛寶貝，克洛伊：謝謝你時間一到就會把頭放在我的筆電上，提醒我要休息。

　　給我超過 500 人的發行團隊：我所能想到的只有你們得要承受多少民調之苦，我才有辦法選出一個書名來（大笑）。你們忍耐了很多，對於你們的持續支持，我覺得非常感動。網路上的朋友是最棒的。

　　我也想感謝我的讀者們。《讓可愛的錢自動滾進來》的讀者是我認識的人當中，最有熱忱、最支持我、最好的人了。你們對學習的熱情讓我活力滿滿。給我的新讀者：謝謝

你們給我這個機會，讀了這本書。願機會永遠站在你這邊！

　　從《讓可愛的錢自動滾進來》開始，我都是與這位有史以來最好的編輯一起工作，凱特・強森（Kate Johnson）。凱特，妳所做的編輯讓我對自己的寫作有了信心，感謝妳運用妳的魔法磨礪了我的文章。

推薦閱讀清單

- 《讓可愛的錢自動滾進來：27 歲財務自由的理財 7 步驟》，瑞秋・李察斯敬上。
- 《出版》，錢德勒・博特著。**⑭**
- 《上班前的關鍵 1 小時：為什麼成功的人比別人早 1 小時起床？只要每天早晨做這 6 件事，就能徹底改變你的工作和生活！》，哈爾・埃爾羅德著。
- 《奇蹟公式：我三星期從半身不遂中站起，一年抗癌成功，從破產到財富自由的關鍵》，哈爾・埃爾羅德著。
- 《有錢人的煉金方「晨」式：把握起床後的黃金 1 小時，讓財富翻倍！》，哈爾・埃爾羅德、大衛・奧斯本、昂諾莉・寇德合著。
- 《財富不等人》，大衛・奧斯本著。**⑮**

---

⑭ 尚未有繁中譯本，原文書名為 *Published*，作者為 Chandler Bolt。

⑮ 尚未有繁中譯本，原文書名為 *Wealth Can't Wait*，作者為 David Osborn。

- 《你非寫書不可》,昂諾莉·寇德著。[16]
- 《快速致富:開拓一條致富快車道,提早實現真正的財務自由》,MJ·狄馬哥著。
- 《掌握》,史特夫·查德、珍妮絲·朵堤、吉姆·麥克薩克、琳達·麥克薩克合著。[17]

---

[16] 尚未有繁中譯本,原文書名為 *You Must Write a Book*,作者為 Honorée Corder。

[17] 尚未有繁中譯本,原文書名為 *Hold*,作者為 Steve Chader、Jennice Doty、Jim McKissack 和 Linda McKissack。

緊急請願！

你覺得本書怎麼樣呢？

首先，讀者朋友啊，你人真的很好，冒了這個險，買了這本書。你原本可以挑任何一本書，但你挑中了我的書！擊掌！

如果你喜歡這本書，並且覺得讀完後有些收穫，我非常想聽聽你的想法，我希望你可以花個兩分鐘時間，**在網路書店留下評論**。評論是很難找到的，但我的事業就靠它們了，我會非常、非常感激的！

你現在就可以前往各大網路書店去評論本書。

掰囉！

瑞秋

注釋

1. Craig S. New York Times corrects the misquote of Thoreau's 'quiet desperation' line. Poynter website. https://www.poynter.org/reporting-editing/2012/new-york-times-corrects-misquote-of-thoreaus-quiet-desperation-line/. April 30, 2012. Accessed August 12, 2021.

2. Kathleen E. 1 in 3 Americans have less than $5,000 saved for retirement—here's why so many people can't save. CNBC website. https://www.cnbc.com/2018/08/27/1-in-3-americans-have-less-than-5000-dollars-saved-for-retirement.html. August 27, 2018. Accessed August 12, 2021.

3. Megan L. Here's how much money Americans have saved at every age. CNBC website. https://www.cnbc.com/2018/08/28/how-much-money-americans-have-saved-at-every-age.html. August 28, 2018. Accessed August 12, 2021.

4. 美國國家稅務局將其歸類為投資組合收入，但根據本書第 4 章中概述的定義，我將其歸類為被動收入。

5. Robert D. Single-Family Home Size Increases at the Start of 2018. NAHB website. https://eyeonhousing.org/2018/05/

single-family-home-size-increases-at-the-start-of-2018. May 21, 2018. Accessed August 12, 2021.

6. Erin D. Average number of people per household in the United States from 1960 to 2018. Statista website. https://www.statista.com/statistics/183648/averagesize-of-households-in-the-us. Edited April 29, 2019. Accessed August 12, 2021.

7. The American Family Today. Pew Research Center website. https://www.pewsocialtrends.org/2015/12/17/1-the-american-family-today. December 17, 2015. Accessed August 12, 2021.

8. Elizabeth A. United States Life Tables, 2003. National Vital Statistics Reports. https://www.cdc.gov/nchs/data/nvsr/nvsr54/nvsr54_14.pdf. Revised March 28, 2007. Accessed August 12, 2021.

9. Adele H., Miranda D., Lillian M. New Realities of an Older America. Stanford Center on Longevity. http://longevity3.stanford.edu/blog/2010/11/19/new-realities. Accessed August 12, 2021.

10. Retirement Changes Dramatically Over the Years. Senior Living website. https://www.seniorliving.org/library/retirement-changes-dramatically-over-years. Accessed August 12, 2021.

11. Patrica M., David A. Social Security: A Program and Policy History. Social Security Administration Website. https://

www.ssa.gov/policy/docs/ssb/v66n1/v66n1p1.html. 2005. Accessed August 12, 2021.

12. Social Security wage base increases to $128,700 for 2018. Thompson Reuters website. https://tax.thomsonreuters. com/news/social-security-wage-base-increases-to-128700-for-2018. October 16, 2017. Accessed August 12, 2021.

13. Ratio of Covered Workers to Beneficiaries. Social Security Administration website. https://www.ssa.gov/history/ ratios.html. Accessed August 12, 2021.

14. A Summary of the 2019 Annual Reports. Social Security Administration website. https://www.ssa.gov/oact/trsum. Accessed August 12, 2021.

15. Camilo M. Price of College Increasing Almost 8 Times Faster Than Wages. Forbes website. https://www.forbes. com/sites/camilomaldonado/2018/07/24/price-of-college-increasing-almost-8-times-faster-than-wages. July 24, 2018. Accessed August 12, 2021.

16. Trends in College Pricing Highlights. CollegeBoard website. https://research.collegeboard.org/trends/ college-pricing/highlights. Accessed August 12, 2021.

17. Erik O. Where Did the 40-Hour Workweek Come From? NBC News Website. https://www.nbcnews.com/news/ us-news/where-did-40-hour-workweek-comen192276. September 1, 2014. Accessed August 12, 2021.

18. Lydia S. The "40-Hour" Workweek Is Actually Longer—by 7 Hours. Gallup Website. https://news.gallup.com/poll/175286/hour-workweek-actually-longerseven-hours.aspx. August 29, 2014. Accessed August 12, 2021.

19. Theresa A. Is it Time to Kill the 40-Hour Workweek? SHRM website. https://www.shrm.org/hr-today/news/hr-magazine/0217/pages/is-it-time-to-kill-the-40-hour-workweek.aspx. January 23, 2017. Accessed August 12, 2021.

20. The Deloitte Global Millennial Survey 2019. Deloitte website. https://www2.deloitte.com/global/en/pages/aboutdeloitte/articles/millennialsurvey.html. Accessed August 12, 2021.

21. Robert P. Millennials' new retirement number? $1.8 million (or more!) USA Today website. https://www.usatoday.com/story/money/columnist/powell/2016/03/29/millennials-new-retirement-number-18-million-more/81329246. March 29, 2016. Accessed August 12, 2021.

22. An Open Letter to Millennials on Retirement. Farm Bureau Financial Services website. https://www.fbfs.com/learning-center/an-open-letter-to-millennials-on-retirement. January 1, 2019. Accessed August 12, 2021.

23. John R. Here's How Much a Millennial Needs to Save Each Month to Retire With $5 Million. Entrepeneur.com. https://

www.entrepreneur.com/article/283524. October 11, 2016. Accessed August 12, 2021.

24. Monique M. The State of American Retirement: How 401(k)s have failed most American workers. Economic Policy Institute website. https://www.epi.org/publication/retirement-in-america/#charts. March 3, 2016. Accessed August 12, 2021.

25. Catherine C. Retirement Throughout the Ages: Expectations and Preparations of American workers. Transamerica Center website. https://www.transamerica-center.org/docs/default-source/resources/center-research/16th-annual/tcrs2015_infographic_all_ages_workers.pdf. May2015. Accessed August 12, 2021.

26. Amelia J. Average Retirement Savings: Are You Normal? SmartAsset website. https://smartasset.com/retirement/average-retirement-savings-are-you-normal. April 16, 2019. Accessed August 12, 2021.

27. Hal H., Cassie M., Uri B. People Who Choose Time Over Money Are Happier. SAGE journals website. https://journals.sagepub.com/doi/abs/10.1177/1948550616649239. May 25, 2016. Accessed August 12, 2021.

28. Hal H., Cassie H. What Should You Choose: Time or Money? New York Times website. https://www.nytimes.com/2016/09/11/opinion/sunday/what-should-you-choose-time-or-money.html. September 9, 2016.

Accessed August 12, 2021.

29. Joe P. Alabama Woman Stuck in NYC Traffic in 1902 Invented the Windshield Wiper. NPR website. https://www. npr.org/2017/07/25/536835744/alabamawoman-stuck-in-nyc-traffic-in-1902-invented-the-windshield-wiper. July 25, 2017. Accessed August 12, 2021.

30. Lauren C. How much should you charge for your online course? Podia.com. https://www.podia.com/articles/ how-much-should-you-charge-for-your-online-course. Accessed August 12, 2021.

31. 這是於 2019 年 10 月 19 日搜尋的結果。

32. Georgia M. What Percentage of Small Businesses Fail? (And Other Need-to-Know Stats). Fundera website. https:// www.fundera.com/blog/what-percentage-of-small-businesses-fail. Updated September 10, 2019. Accessed August 12, 2021.

33. Ryan H. Can I make money by placing vending machines? Quora website. https://www.quora.com/Can-I-make-money-by-placing-vending-machines. January 26, 2015. Accessed August 12, 2021.

34. What Is Dropshipping? Shopify.com. https://www.shopify. com/blog/what-is-dropshipping. Accessed August 12, 2021.

35. Dan R. The Inside Track to Drop Shipping and Passive Income. YFS Magazine website. https://yfsmagazine.

com/2017/06/16/the-inside-track-to-drop-shipping-and-passive-income. June 16, 2017. Accessed August 12, 2021.

36. 若要更加了解 Roofstock，可前往 https://join.roofstock.com/how-it-works。

37. 這篇文章更詳細地解釋了「投資人貸款方案」：https://themortgagereports.com/40119/rentals-financing-andmanaging-more-than-4-properties。

免責聲明暨重要資訊

本書及其內容僅限個人使用，並受到相關版權、專利以及商標法之保護。

書中所提供之資訊僅供普遍之資訊性目的，在任何情況下都不應理解為對於個人的投資、稅務、法律上的建議或推薦。本書也不應被理解為提供或提議販售或誘使任何購買或推薦購買、持有或販售任何有價證券。

作者並非註冊投資顧問，亦非註冊有價證券經紀人或持有執照之財務規劃師，亦未持有任何得以提供投資諮詢之證照。書中所有的意見、分析以及資訊係以可靠之資訊來源為基礎，本書之寫作基於對這些資訊來源之信心，但並不作為這些資訊來源之代表，亦不提供任何準確性、完整性、正確性、時間性或是適當性方面，明示或暗示的擔保。

對於自己的投資決定，你需負有相關責任，個別投資人只需為其做決定時，分析、評估任何採納或信任之資訊負責。在做任何投資決定之前，你應該要對提議之投資項目進行詳盡調查，考量個人狀況並諮詢合格投資顧問。本書所提供之資訊和意見不應被用作專業諮詢之替代。

　　運用或依賴本書內容須全盤自擔風險。並無任何明示暗示之描述或保證書中所述之意見、分析或資訊之準確性、完整性與正確性。對於投資市場既有之風險，並無獲利之保證，而投資人在投資股票時皆可能會有所虧損。不同的投資，風險等級皆不同，且並無保證任何特定之投資項目或是策略會適合特定的投資組合，或是在特定投資組合下會有獲利能力。

　　過去績效不保證未來報酬，因此讀者不應假設本書討論之任何投資方法在未來具有獲利能力、或是與其過去績效相同、或是達成任何投資績效目標。關於任何索賠、損害、虧損或是因投資人使用並信任本書所帶來之相關費用，作者皆不承擔任何形式之責任。

　　在任何情況下，任何對於第三方或是第三方之產品服務之提及，皆不應被理解為作者對其之認可或背書。尤其，作者並未背書或是推薦任何特定之經紀人、經銷商、共同基金公司或是資訊之提供者。

　　作者現在或未來可能會在書中討論之有價證券所屬公司任職，或與之交易往來。

　　作者已盡其所能確保書中資訊在印刷當時皆為正確無誤，作者在此聲明將不會承擔任何一方因錯誤或是疏漏造成

之損失、損壞或是中斷之債務責任，無論此錯誤或疏漏是出自疏忽、意外或是任何其他原因。

　　我們並非律師，本書提供之內容僅為教育性目的，無法取代任何你的律師所提供之法律諮詢。我方已盡力確保書中內容在出版當時皆為準確且對讀者有幫助的。我方將不會承擔任何因我方提供之資訊而產生之損失或損害。你要替自己的選擇、行動與結果負責。如有任何特定疑問或需求，你應諮詢你的律師。

BIG 374

讓可愛的錢繼續滾進來：28 種財務自由的方法，讓你的錢比你會賺錢

作　　者－瑞秋‧李察斯（Rachel Richards）
譯　　者－陳映竹
主　　編－陳家仁
編　　輯－黃凱怡
企　　劃－藍秋惠
協力編輯－陳榆沁
封面設計－木木 Lin
內頁設計－李宜芝

總 編 輯－胡金倫
董 事 長－趙政岷
出 版 者－時報文化出版企業股份有限公司
　　　　　108019 台北市和平西路三段 240 號 4 樓
　　　　　發行專線－ (02)2306-6842
　　　　　讀者服務專線－ 0800-231-705‧(02)2304-7103
　　　　　讀者服務傳真－ (02)2304-6858
　　　　　郵撥－ 19344724 時報文化出版公司
　　　　　信箱－ 10899 臺北華江橋郵局第 99 信箱
時報悅讀網－ http://www.readingtimes.com.tw
法律顧問－理律法律事務所 陳長文律師、李念祖律師
印　　刷－勁達印刷有限公司
初版一刷－ 2021 年 10 月 8 日
定　　價－新台幣 450 元
（缺頁或破損的書，請寄回更換）

時報文化出版公司成立於一九七五年，
並於一九九九年股票上櫃公開發行，於二〇〇八年脫離中時集團非屬旺中，
以「尊重智慧與創意的文化事業」為信念。

讓可愛的錢繼續滾進來 : 28 種財務自由的方法 , 讓你的錢比你會賺錢 / 瑞秋 . 李察斯 (Rachel
Richards) 作 ; 陳映竹譯 . -- 初版 . -- 臺北市 : 時報文化出版企業股份有限公司 , 2021.10
384 面 ; 14.8×21 公分 . -- (Big ; 374)

譯自 : Passive income, aggressive retirement : the secret to freedom, flexibility, and financial
　　　independence (& how to get started!)

ISBN 978-957-13-9392-6(平裝)

1. 個人理財 2. 投資

563　　　　　　　　　　　　　　　　　　　　　　　　　　110014105

Passive Income, Aggressive Retirement by Rachel Richards
Original English language edition copyright © 2019 by Rachel Richards.
Complex Chinese Characters-language edition copyright © 2021 by China Times Publishing Company.
All rights reserved.
Copyright licensed by Waterside Productions, Inc., arranged with Andrew Nurnberg Associates
International Limited.

ISBN 978-957-13-9392-6
Printed in Taiwan